한국어-베트남어 단어장

저자 | 신연희, 박민규

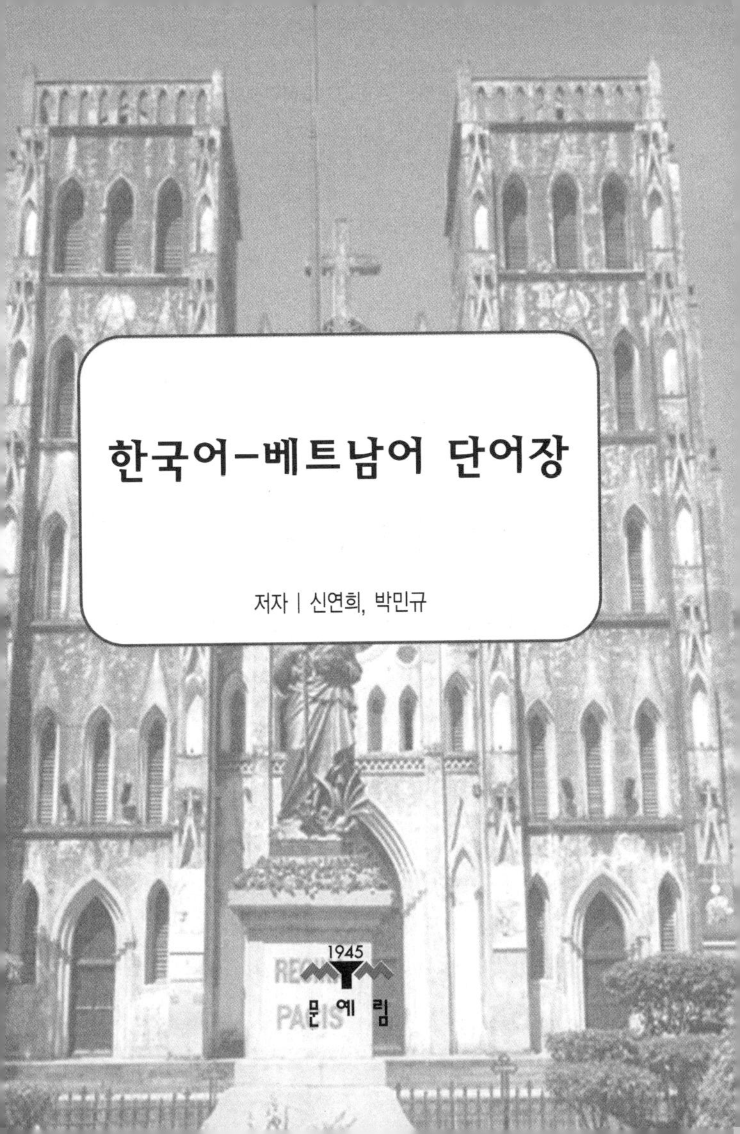

1945
문예림

한국해외봉사단 베트남 부부단원(한베기술협력센타 근무)

신연희	박민규
수원대학교 의류직물학과 졸업 웹디자이너	동국대학교 컴퓨터공학 박사과정 휴학 현 지앤넷 솔루션사업본부 차장

한국어-베트남어 단어장

초판 2쇄 인쇄 | 2015년 10월 20일
초판 2쇄 발행 | 2015년 10월 30일
저 자 | 신연희, 박민규
발행인 | 서덕일
발행처 | 도서출판 문예림
출판등록 | 1962년 7월 12일 제 2-110호
주소 | 경기도 파주시 회동길 366(서패동) (10881)
전화 | 02-499-1281~2
팩스 | 02-499-1283
http://www.bookmoon.co.kr
E-mail:info@bookmoon.co.kr

· 잘못된 책은 구입하신 서점에서 교환하여 드립니다.

ISBN 978-89-7482-433-4(13790)

머 리 말

시클로를 탄 한국 관광객들, 도로를 누비는 많은 마티즈 택시, 한국산 핸드폰 그리고 대장금으로 하노이 속의 한국을 느끼며 지냈습니다. 다시 한국으로 돌아오니 부지런한 베트남 부인들, 베트남에서 사업을 하시려는 사장님들, 그리고 베트남 증시에 대한 관심들로 한국속의 베트남을 느낍니다.

저에게 베트남어를 가르치려 애쓰던 베트남 친구들이 이 순간 스쳐 지나갑니다. 그냥 영어만 쓸까 하는 유혹을 넘기고 베트남어를 포기하지 않은 보람을 느낍니다. 이 책은 여행하시는 분들은 물론 장기 체류를 계획하시는 분들도 초기 생활에 도움이 되실 것이라 생각합니다. 단어뿐만이 아니라 숙어적인 표현으로 묶으려 노력했으며, 하노이를 중심으로 한 북부 베트남어를 위주로 작업하였습니다.

봉사단원으로 베트남과 맺은 인연을 이렇게 여러분과 다시 나눌 수 있게 되어 정말 즐겁습니다. 여러분이 어떤 이유로 베트남을 찾으시던지, 베트남과의 인연이 소중하게 이어지시길 기원합니다.

마지막으로 문예림 서덕일 사장님, 베트남어 교정을 봐주신 성균관대 Nguyễn Thị Mai Hoa 선생님과 하노이대학교 한국어과 학생들에게 감사합니다.

2008년 3월

신 연 희

차례

ㄱ

한국어-베트남어 단어장

가.(명령)	Đi đi. 디 디	가격표	bảng giá 방 자
가게	cửa hàng 끄어 항	가곡	ca khúc 까 쿡
가게주인	chủ quán 쭈 꽌	가구	đồ đạc 도 닥
가격	giá, giá cả 쟈, 쟈 까	가까운	gần 건

가격이 절반이다. Giá chỉ bằng một nửa.
쟈 찌 방 못 느어

가격차가 크다. Chệnh lệch giá cả hơi cao.
쩨잉 렉 쟈 까 허이 까오

가고 싶지만, 갈 수 있을지 모르겠어요.
Tôi muốn đi, không biết có được không.
또이 무온 디, 콩 비엣 꼬 드억 콩

가기 싫어. Không thích đi.
콩 틱 디

가기 전에 작별인사를 드리고 싶습니다.
Trước khi đi em muốn chào tạm biệt chị.
쯔억 키 디 앰 무온 짜오 땀 비엣 찌

가까워?(거리) Có gần đây không?
꼬 건 더이 콩

가끔 시장가다. thỉnh thoảng đi chợ
티잉 토앙 디 쩌

ㄱ

가끔	thỉnh thoảng 티잉 토앙	가련한	đáng thương 당 트엉
가난한	nghèo 응애오	가렵다.	ngứa 응으어
가늘다.	mảnh 마잉	가로질러 가다.	đi qua 디 꽈
가능	khả năng 카 낭	가루	bột 봇
가능성	tính khả năng 띠잉 카 낭	가르치다.	dạy 자이
가능하시면	nếu có thể thì 네우 꼬 테 티	가리다.(숨기다.)	che đậy 째 더이
가다.	đi 디	가마(머리)	khoáy 코아이
가득 차다.	đầy 더이	가면	mặt nạ 맛 나
가라앉다.	đắm, lắng 담, 랑	가뭄	hạn hán 한 한
가려고 하다.	định đi 딕 디	가방	cặp, túi 깝, 뚜이

가는 길이야. — Tôi đang trên đường đến đây.
또이 당 쩬 드엉 덴 더이

가도 되나요? — Có thể đi được không?
꼬 테 디 드억 콩

ㄱ

가벼운 nhẹ
내

가벼운 사고 tai nạn nhẹ
따이 난 내

가수 ca sĩ
까 씨

가스 khí, gas
키, 가

가스레인지 bếp gas
벱 가

가스를 잠그다. khóa gas
콰 가

가스통(주방) bình gas
바잉 가

가슴 ngực
응윽

가시거리 tầm nhìn xa
떰 닌 싸

가야한다. phải đi
파이 디

가여워라. Tội nghiệp quá.
또이 응이엡 꽈

가엽다. tội nghiệp
또이 응이엡

가운데 giữa
즈어

가위 cái kéo
까이 깨오

가을 mùa thu
무어 투

가입하다. đăng ký
당 끼

가볍게 생각하다. coi thường
꼬이 트엉

가사도우미 người giúp việc
응어이 즙 비역

가시는 길에 평안하세요. Chúc lên đường bình yên!
쭉 렌 드엉 비잉 연

가요 쇼 프로그램 biểu diễn ca múa
비에우 지엔 까 무어

가자.	Đi thôi. 디 토이	가져오다.	mang theo 망 태오
가장(지위)	gia chủ 쟈 쭈	가지 않다.	không đi 콩 디
가장자리	cạnh, mép 까잉, 맵	가지(야채)	cà tím 까 띰
가재	con tôm càng 꼰 똠 깡	가지고 있다.	đang có 당 꼬
가정	gia đình 쟈 디잉	가지다.	lấy 러이
가정환경	gia cảnh 쟈 까잉	가지세요.	Cầm lấy. 껌 러이

가장 좋아하는 시간 — lúc tôi thích nhất
룩 또이 틱 녓

가장 친한 친구 — bạn thân nhất
반 턴 녓

가족 모두 함께 즐겁게.(카피문구) — Cả nhà cùng vui.
까 냐 꿍 부이

가족관계 — quan hệ gia đình
꽌 헤 쟈 디잉

가족들에게 저를 대신해서 안부 전해주세요.
Cho em gửi lời thăm sức khỏe gia đình chị.
쪼 앰 그이 러이 탐 쓱 쾌 쟈 디잉 찌

가축	gia súc 자 쑥	간격	khoảng cách 쾅 까익
가치	giá trị 자 찌	간단한	đơn giản, giản dị 던 쟌, 쟌 지
가치가 없다.	không đáng 콩 당	간부	cán bộ 깐 보
가치가 오르다.	tăng giá 땅 쟈	간섭하다.	can thiệp 깐 티엡
각본	kịch bản 끽 반	간식을 먹다.	ăn bữa phụ 안 브어 푸
각자의	mỗi 모이	간장	xì dầu 씨 저우

가족이 어떻게 되세요?

Gia đình chị có những ai?

쟈 디잉 찌 꼬 능 아이

가족이 일보다 더 중요하다.

Gia đình quan trọng hơn công việc.

쟈 디잉 꽌 쫑 헌 꽁 비역

가지고 있어.(이미)

Tôi có cái này rồi.

또이 꼬 까이 나이 조이

간다. 어~ 가.(헤어질 때)

Đi nhé.

디 내

간이 적당하다.

cho vừa muối

쪼 브어 무오이

간접적으로 — gián tiếp
잔 띠엡

간주하다.(같다고 봄) — coi như
꼬이 느

간청하다. — cầu khẩn
꺼우 컨

간통 — ngoại tình
응와이 띠잉

간판 — biển hiệu
비엔 히에우

간호사 — y tá
이 따

갈 것이다. — sẽ đi
쌔 디

갈망하다. — khát vọng
캇 봉

갈색 — màu nâu
머우 너우

갈아타다. — chuyển
쭈엔

갈증을 풀다. — giải khát
쟈이 캇

감(과일) — quả hồng
꽈 홍

감기 — cảm
깜

감기약 — thuốc cảm cúm
투억 깜 꿈

감독하다. — cai quản
까이 꽌

감동이야. — Cảm động quá.
깜 동 꽈

간염예방주사 — tiêm phòng bệnh gan
띠엠 퐁 버익 간

갈 길이 멀어. — Phải đi xa lắm.
파이 디 싸 람

감기에 걸렸을 땐 — khi bị cúm
키 비 꿈

감기에 걸리다. — bị cảm, bị cúm
비 깜, 비 꿈

ㄱ

감동하다. cảm động
깜 동

감명 cảm xúc
깜 쑥

감사하게 여기다. biết ơn
비엣 언

감소되다. giảm thiểu
잠 티에우

감시하다. canh giữ
까잉 즈

감염되다. nhiễm
니엠

감자(야채) củ khoai tây
꾸 콰이 떠이

감자튀김 khoai tây rán
콰이 떠이 잔

감전되다. điện giật
디엔 지엇

감정 tình cảm
띠잉 깜

감탄 cảm thán
깜 탄

갑옷 áo giáp
아오 잡

갑자기 말하다. nói bất ngờ
노이 벗 응어

값을 깎다. mặc cả
막 까

값이 비싼 đắt
닷

값이 싼 rẻ
재

감독(스포츠) huấn luyện viên
후언 루엔 비엔

감사합니다. 아줌마. Cám ơn chị. Xin chị.
깜 언 찌, 씬 찌

갑자기 bỗng nhiên, bất ngờ
봉 니엔, 벗 응어

갑자기 울다. mau nước mắt
마우 느억 맛

값이 오르다.	tăng giá 땅 쟈	강의하다.	giảng dạy 장 자이
강	sông 쏭	강조하다.	nhấn mạnh 년 마잉
강간	cưỡng dâm 끄엉 점	강하게 누르다.	ấn mạnh 언 마잉
강도	kẻ trộm 깨 쫌	갖다 주다.	mang vào 망 바오
강력한	mạnh mẽ 마잉 매	갖다.	giữ lại 즈 라이
강변	bờ sông 버 쏭	같이 가다.	cùng đi 꿍 디
강사(대학)	giảng viên 쟝 비엔	같이 가자.	Cùng đi nhé. 꿍 디 냬

갑작스럽게 — một cách ngẫu nhiên
못 까익 응어우 니엔

값이 내리다. — giảm tiền xuống
잠 띠엔 쑤엉

갔다 오는데 한 시간 안에 될까?
Có thể đến và về trong 1 tiếng, được không?
꼬 테 덴 바 베 쫑 못 띠응, 드억 콩

강아지 — con cún, con chó con
꼰 꾼, 꼰 쪼 꼰

ㄱ

개	con chó 꼰 쪼	개다.(날씨)	tạnh ráo 땅 자오
개강하다.	khai giảng 카이 쟝	개인	cá nhân 까 년
개구리	con ếch 꼰 에익	개인수표	séc cá nhân 쌕 까 년
개띠	tuổi chó 뚜어이 쪼	개인재산	của riêng 꾸어 지응
개막	khai mạc 카이 막	개인적으로는	nói riêng 노이 지응
개미	con kiến 꼰 끼엔	개척하다.	khai thác 카이 탁
개선하다.	cải thiện 까이 티엔	개최하다.	tổ chức 또 쯕
거스름돈	tiến lẻ 띠엔 래	객체(전산)	đối tượng 도이 뜨엉
개업	khai trương 카이 쯔엉	거기	ở đó 어 도

같이 가고 싶다. — muốn đi cùng
무온 디 꿍

같이 나가 놀다. — đi chơi cùng nhau
디 쩌이 꿍 냐우

개혁하다. — cải cách, đổi mới
까이 까익, 도이 머이

거대하다. đồ sộ, khổng lồ
도 쏘, 콩 로

거울 gương
그엉

거래소 sở giao dịch
써 쟈오 직

거위 con ngỗng
꼰 응옹

거리(도로) đường phố
드엉 포

거의 tuyệt đối, hầu như
뚜엣 도이, 허우 느

거리(멀기) cự ly
끄 리

거의 없는 ít
잇

거미줄 mạng nhện
망 넨

거절하다. từ chối
뜨 쪼이

거북이 con rùa
꼰 주어

거주 cư trú
끄 쭈

거실 phòng khách
퐁 카익

거주자 cư dân
끄 전

거기 재미있는 것 없어? Ở đó có cái gì vui không?
어 도 꼬 까이 지 부이 콩

거기엔 상점이 많아. Ở đấy có nhiều cửa hàng.
어 더이 꼬 니에우 끄어 항

거긴 앉지 마. Đừng ngồi ở đấy.
등 응오이 어 더이

거래하다. mua bán, buôn bán
무어 반, 부온 반

거스름돈 주세요. Cho tôi tiền lẻ.
조 또이 띠엔 래

거짓말하다.	nói dối 노이 조이
거품	bọt 봇
걱정	nỗi lo 노이 로
걱정스러운	lo lắng 로 랑
걱정하다.	lo 로
걱정하지마.	Đừng lo. 등 로
건강	sức khỏe 쓱 쾌
건강해지다.	khỏe ra 쾌 자
건국하다.	dựng nước 증 느억
건기	mùa khô 무어 코
건너가다.	băng qua 방 꽈
건너편	bên kia 벤 끼아

거의 매일	hầu như hàng ngày 허우 느 항 아이
거의 먹지 않다.	tuyệt đối không ăn 뚜엣 도이 콩 안
거의 모든 회사에서	ở hầu hết các công ty 어 허우 헷 깍 꽁 띠
거의 속을 뻔했어.	Suýt nữa thì lừa được. 쉿 느어 티 르어 드억
거의 완벽했는데	Gần như là hoàn hảo. 건 느 라 호안 하오
거주연장기간	gia hạn tạm trú 쟈 한 땀 쭈

ㄱ

건물	tòa nhà 또아 냐
건설하다.	xây dựng 써이 증
건전지	pin 삔
건축가	kiến trúc sư 끼엔 쭉 쓰

건강은 어떠세요? Chị có khỏe không?
찌 꼬 쾌 콩

건강을 되찾다. lấy lại sức
러이 라이 쓱

건강을 빨리 회복하시길 바랍니다.
Chúc mong chóng được bình phục.
쭉 몽 쫑 드억 비잉 푹

건강을 유지하다. giữ gìn sức khỏe
즈 진 쓱 쾌

건강이 안 좋아 보이네요.
Trông chị không khỏe lắm.
쫑 찌 콩 쾌 람

건강증명서 giấy khám bệnh
져이 캄 버익

건강진단 kiểm tra sức khỏe
끼엠 짜 쓱 쾌

건강하세요.(어른에게) Chúc bác mạnh khỏe.
쭉 박 마잉 쾌

건강한 / 건강해지셨어요?
khỏe / Chị đã khỏe chưa ạ?
쾌 / 찌 다 쾌 쯔어 아

걸다.(벽등에) treo
짜오

걸레 giẻ lau nhà
지애 라우 냐

걸어가다. đi bộ
디 보

걸어가면서 vừa đi
브어 디

검(무기) gươm
그엄

검게 타다. bị đen
비 댄

검사하다. kiểm tra
끼엠 짜

검색하다. tìm kiếm
띰 끼엠

ㄱ

건배(술 마실때 구호) Chúc sức khỏe.
쭉 씈 쾌

건전지 다 됐어. Hết pin rồi.
헷 삔 조이

걸다. / 한국 팀에 돈을 걸다.
đặt / đặt tiền vào đội tuyển Hàn Quốc
닷 / 닷 띠엔 바오 도이 뚜엔 한 꿕

걸리다.(종이가 기계에) bị tắc
비 딱

걸어서 갈 수 있어요? Tôi có thể đi bộ được không?
또이 꼬 테 디 보 드억 콩

걸어서 약 10분 걸려요.
Đi bộ mất khoảng mười phút.
디 보 멋 쾅 무어이 풋

걸을 수는 없다. không thể đi bộ được
콩 테 디 보 드억

검역소	sở kiểm dịch 써 끼엠 직	
검열	việc kiểm tra 비엑 끼엠 짜	
검은색	màu đen 머우 댄	
겉표지	trang bìa 짱 비아	
게	con cua 꼰 꾸어	
게다가	ngoài ra 응와이 자	
게스트 하우스	nhà khách 냐 카익	
게이	đồng tính 동 띠잉	
게임	trò chơi 쩌 쩌이	

게임에서 이기다.	thắng 탕
겨냥하다.	nhằm vào 냠 바오
겨루다.	đua 두어
겨울	mùa đông 무어 동
겨울에	vào mùa đông 바오 무어 동
격려하다.	cổ vũ 꼬 부
격차	chênh lệch 쩨잉 렉
견인	kéo xe 깨오 쌔
견적가격	báo giá 바오 쟈

검열(검토)하다. kiểm duyệt
끼엠 쥬엣

게으른 / 정말 게으르다. lười / Lười ơi là lười.
르어이 / 르어이 어일 라 르어이

견적서	bảng báo giá 방 바오 자	결정짓다.	kết luận 껫 루언
결과	kết quả 껫 꽈	결정하다.	quyết định 꾸엣 딕
결국	cuối cùng 꾸오이 꿍	결합	kết hợp 껫 헙
결론	kết luận 껫 루언	결합시키다.	phối hợp 포이 헙
결말	phần cuối 펀 꾸오이	결핵	bệnh lao 버익 라오
결승	chung kết 쭝 껫	결혼	kết hôn 껫 혼
결심하다.	quyết tâm 꾸엣 떰	결혼식	lễ cưới 레 끄어이
결점	khuyết điểm 쿠엣 디엠	결혼피로연	cỗ cưới 꼬 끄어이
결정적인	dứt khoát 즛 콧	결혼하다.	cưới 끄어이

겨울엔 밖에 나가기가 싫다.
Vào mùa đông, tôi ghét ra ngoài.
바오 무어 동, 또이 갯 자 응와이

겨울이 점점 짧아지다.
Mùa đông ngày càng ngắn hơn.
무어 동 응아이 깡 응안 헌

겸손한	khiêm tốn 키엠 똔	경기장	sân vận động 썬 번 동
경감하다.	giảm nhẹ 잠 내	경련(의학)	chứng co giật 쯩 꼬 지엇
경계(한계)	giới hạn 져이 한	경매하다.	bán đấu giá 반 더우 쟈
경공업	công nghiệp nhẹ 꽁 응이엡 내	경비실	phòng bảo vệ 퐁 바오 베
경과하다.	trải qua 짜이 꽈	경사진	nghiêng về 응이엥 베
경기	thi đấu 티 더우	경연대회	cuộc thi 꾸옥 티
경기 결과	kết quả trận đấu 껫 꽈 쩐 더우	경영하다	quản lý, chỉ đạo 꽌 리, 찌 다오

결혼 하셨어요? Chị đã lập gia đình chưa ạ?
찌 다 럽 쟈 디잉 쯔어 아

결혼한 지 3년 됐어요.
Tôi đã kết hôn được 3 năm rồi.
또이 다 껫 혼 드억 바 남 조이

결혼했습니다. Tôi đã kết hôn rồi.
또이 다 껫 혼 조이

경기가 싱겁다. trận đấu chán ngắt
쩐 더우 짠 응앗

경우(때)	trường hợp 쯔엉 헙
경작	trồng trọt 쫑 쫏
경쟁하다.	đua, cạnh tranh 두어, 까잉 짜잉
경제	kinh tế 끼잉 테
경제학	kinh tế học 끼잉 떼 혹
경제학자	nhà kinh tế học 냐 끼잉 떼 혹
경찰	cảnh sát 까잉 쌋
경찰관	công an 꽁 안
경축일	quốc khánh 꿕 카잉
경치	quang cảnh 꽝 까잉
경험	kinh nghiệm 끼잉 응이엠
경험이 없는	bỡ ngỡ 버 응어
계급	cấp bậc 껍 벅
계단	cầu thang 꺼우 탕
계란	trứng gà 쯩 가
계산기	máy tính 마이 띠잉

경비원을 부르세요.	Hãy gọi bảo vệ. 하이 고이 바오 베
경우에 따라서	theo tình hình 태오 띠잉 히잉
경찰에 신고하다.	tố cáo với cảnh sát 또 까오 버이 까잉 싸
경험 많다.	giàu kinh nghiệm 자우 끼잉 응이엠

계산대	quầy thu ngân 꾸어이 투 응언	계속하다.	tiếp tục 띠엡 뚝
계속	cứ 끄	계승하다.	kế tiếp 께 띠엡
계속 가.	Cứ đi đi. 끄 디 디	계약	hợp đồng 헙 동
계속 말해.	Nói tiếp đi. 노이 띠엡 디	계약서	tờ hợp đồng 떠 헙 동

경험이 없어서요. 당신이 고르세요.
Tôi chưa có kinh nghiệm, chị chọn đi.
또이 쯔어 꼬 끼잉 응이엠, 찌 쫀 디

계산서 주세요.
Cho tôi xin hoá đơn.
조 또이 씬 화 던

계산을 잘못했네.(내가)
Tôi tính nhầm.
또이 띠잉 념

계산을 지금하나요?(선불)
Trả tiền luôn ạ?
짜 띠엔 루언 아

계산이 잘못됐어요.
Tính tiền sai rồi.
띠잉 띠엔 싸이 조이

계산하다.
tính toán, thanh toán
띠잉 또안, 타잉 또안

계산해 주세요.
Chị ơi! tính tiền.
찌 어이, 띠잉 띠엔

계약하다. ký kết
끼 껫

계절 mùa
무어

계정(전산) tài khoản
따이 콴

계좌 tài khoản
따이 콴

계좌를 열다. mở tài khoản
머 따이 콴

계획 kế hoạch
께 화익

계획대로 theo kế hoạch
태오 께 화익

계획적으로 cố ý
꼬 이

고갈되다. cạn kiệt
깐 끼엣

고고학 khảo cổ học
카오 꼬 혹

고구마 củ khoai lang
꾸 콰이 랑

고귀한 cao quý
까오 뀌

ㄱ

계속해서 가세요. Xin cứ đi thẳng.
씬 끄 디 탕

계약기간은 5년입니다.
Thời hạn hợp đồng là 5 năm.
터이 한 헙 동 라 남 남

계약을 체결할 필요가 있습니다.
Cần phải ký một bản hợp đồng.
껀 파이 끼 못 반 헙 동

계좌 잔액 tiền dư trong tài khoản
띠엔 즈 쫑 따이 콴

계획이 다 틀어졌어. Kế hoạch bị đổ bể rồi.
께 화익 비 도 베 조이

고급스런	sang trọng 쌍 쫑
고급의	cao cấp 까오 껍
고기	thịt 팃
고대의	cổ kính 꼬 끼잉
고도	độ cao 도 까오
고려하다.	cân nhắc 껀 냑
고르다.	chọn 쫀
고마운	cảm ơn 깜 언
고막(신체)	màng nhĩ 망 니
고무	cao su 까오 쑤
고무줄	dây chun 저이 쭌
고발하다.	tố cáo 또 까오
고사성어	thành ngữ 타잉 응으
고상한	cao quý 까오 뀌
고속도로	đường cao tốc 드엉 까오 똑
고아	đứa trẻ mồ côi 드어 째 모 꼬이
고아원	viện mồ côi 비엔 모 꼬이
고양이	con mèo 꼰 매오
고등학교	trường phổ thông 쯔엉 포 통
고맙습니다.	Cảm ơn chị. Xin chị. 깜 언 찌, 씬 찌
고무줄로 묶다.(머리)	buộc bằng dây chun 부옥 방 저이 쭌

ㄱ

고요한 im lặng, yên tĩnh
임 랑, 연 띠잉

고용하다. thuê
투에

고운 피부 da đẹp
자 댑

고원 cao nguyên
까오 응우엔

고위계층 cấp trên
껍 쩬

고의적으로 cố ý
꼬 이

고장나다. hỏng
홍

고전의 cổ điển
꼬 디엔

고정된 cố định
꼬 딩

고추(야채) ớt
엇

고추장 tương ớt
뜨엉 엇

고층빌딩 tòa nhà cao tầng
또아 냐 까오 떵

고층의 cao tầng
까오 떵

고통을 겪다. đau khổ
다우 코

고향 quê
꿰

고향에 돌아가다. về quê
베 꿰

고혈압 bệnh cao huyết áp
버익 까오 휘엣 압

곧 ngay lập tức
응아이 럽 뜩

곧 ~되다. sắp trở thành
쌉 쩌 타잉

곧 시험이야. Sắp thi rồi.
쌉 티 조이

고쳐줄 수 있어요? Sửa cho tôi được không ạ?
쓰어 조 또이 드억 콩 아

고향이 어디세요? Quê chị ở đâu?
꿰 찌 어 더우

곧바로	thẳng 탕
골(스포츠)	khung thành 쿵 타잉
골목	ngõ 응오
골키퍼	thủ môn 투 몬
곰	con gấu 꼰 거우
곰팡이가 난	mốc 목
곳(장소)	nơi 너이
공	quả bóng 꽈 봉
공간	không gian 콩 잔
공개적인	công khai 꽁 카이
공격하다.	tấn công 떤 꽁
공공의	công cộng 꽁 꽁
공공재산	tài sản chung 따이 싼 쭝
공급하다.	cung cấp 꿍 껍
공기	không khí 콩 키
공기(타이어)	hơi 허이

곧 도착 할 거야. — Sắp đến rồi.
쌉 덴 조이

곧 볼 수 있으실 거예요. — Rồi chị sẽ thấy.
조이 찌 쌔 터이

곧장 집에 가다. — đi thẳng về nhà
디 탕 베 냐

골라주세요.(잘 모를 때) — Xin chọn cho tôi.
씬 쫀 조 또이

ㄱ

공동의 cộng đồng
꽁 동

공립학교 trường công
쯔엉 꽁

공무 công tác
꽁 딱

공무원 công chức
꽁 쯕

공백 chỗ trống
쪼 쫑

공부를 잘하다. học giỏi
혹 죠이

공부하다. học
혹

공사장 công trường
꽁 쯔엉

공상 không tưởng
콩 뜨엉

공식(수학, 의식) công thức
꽁 틍

공식적인 chính thức
찌잉 틍

공약 công ước
꽁 으억

공업 công nghiệp
꽁 응이엡

공업지역 khu công nghiệp
쿠 꽁 응이엡

공부 하나도 안했어. Tôi không học gì cả.
또이 콩 혹 지 까

공부를 열심히 하지 않았어요. Tôi không chăm học lắm.
또이 콩 짬 혹 람

공상업세 thuế công thương nghiệp
투에 꽁 트엉 응이엡

공식에 따라 theo công thức
태오 꽁 특

공식적으로 알리다. công bố
꽁 보

공업화 công nghiệp hóa
꽁 응이엡 화

공연 biểu diễn
비에우 지엔

공연하다. trình diễn
찌잉 지엔

공예 công nghệ
꽁 응에

공원 công viên
꽁 비엔

공유하다. sở hữu chung
써 휴 쭝

공자(인물) Khổng Tử
콩 뜨

공작(동물) con công
꼰 꽁

공장 nhà máy, xưởng
냐 마이, 쓰엉

공장 노동자 công nhân
꽁 년

공적이 있다.(공로) có công
꼬 꽁

공정 công đoạn
꽁 돤

공증인 công chứng viên
꽁 쯩 비엔

공채(증권) công trái
꽁 짜이

공평 công bằng
꽁 방

공평하게 bằng nhau
방 냐우

공식적으로 인정하다. công nhận
꽁 년

공제하다. giảm xuống, trích
잠 쑤엉, 찍

공지사항 잠깐 들으세요.
Hãy nghe tôi thông báo một chút.
하이 응애 또이 통 바오 못 쭛

공포영화	phim kinh dị 핌 끼잉 지
공항	sân bay 썬 바이
공헌하다.	góp phần 곱 펀
공화(국)	cộng hòa 꽁 화
공황	khủng hoảng 쿵 황
공휴일	ngày lễ 응아이 레
과(책)	bài 바이
과거	quá khứ 꽈 크
과녁	bia, đích 비아, 디익
과속하다.	đi quá tốc độ 디 꽈 똑 도
과일	hoa quả 화 꽈
과일 먹어.	Ăn hoa quả đi. 안 화 꽈 디
과자	bánh kẹo 바잉 깨오
과정	quá trình 꽈 찌잉
과학	khoa học 콰 혹
과학자	nhà khoa học 냐 콰 혹

공항까지 배웅해 드릴게요.
Em sẽ ra sân bay tiễn chị.
앰 쌔 자 썬 바이 띠엔 찌

공항에 어떻게 가실 건가요? Chị ra sân bay bằng gì?
찌 자 썬 바이 방 지

공항으로 친구를 마중가려고 해.
Tôi định ra sân bay đón một bạn.
또이 딕 자 썬 바이 돈 못 반

관객	khán giả 칸 쟈	관점	quan điểm 꽌 디엠
관계	quan hệ 꽌 헤	관중석	khán đài 칸 다이
관리자	người quản lý 응어이 꽌 리	관찰하다.	quan sát 꽌 쌋
관리하다.	quản lý 꽌 리	광견병	bệnh dại 버익 자이
관세	thuế quan 투에 꽌	광고	quảng cáo 꽝 까오
관세 세관	quan thuế 꽌 투에	광물	khoáng sản 콱 싼
관심을 갖다.	quan tâm 꽌 떰	광장	quảng trường 꽝 쯔엉
관절부위	khớp xương 컵 쓰엉	광주리	rổ 조
관절염	đau xương 다우 쓰엉	괜찮습니다.	Không sao. 콩 싸오

관계를 맺다.(사업) thiết lập quan hệ
티엣 럽 꽌 헤

관세를 납부해야 하나요? Có cần nộp thuế không ạ?
꼬 껀 놉 투에 콩 아

관세를 내다. nộp thuế quan
놉 투에 꽌

ㄱ

교과서	sách học 싸익 혹
교단에 서다.	lên lớp 렌 럽
교류	giao lưu 쟈오 류
교사	giáo viên 쟈오 비엔
교수(사람)	giáo sư 쟈오 쓰
교실	lớp học 럽 혹
교외	ngoại thành 응와이 타잉
교육	giáo dục 쟈오 죽
교육부	bộ giáo dục 보 쟈오 죽
교제하다.	kết bạn với 껫 반 버이
교통	giao thông 쟈오 통
교환대(전화)	tổng đài 똥 다이
교통경찰	cảnh sát giao thông 까잉 쌋 쟈오 통
교통법규를 어기다.	vi phạm luật giao thông 비 팜 루엇 쟈오 통
교통사고	tai nạn giao thông 따이 난 쟈오 통
교통사고 당하다.	bị tai nạn giao thông 비 따이 난 쟈오 통
교통사고를 내다.	gây tai nạn giao thông 거이 따이 난 쟈오 통
교통수단	phương tiện giao thông 프엉 띠엔 쟈오 통

교환하다	đổi, trao đổi 도이, 짜오 도이
교회	nhà thờ 냐 터
구(숫자)	chín 찐
구경하다.	tham quan 탐 꽌
구두 한 켤레	một đôi giày 못 도이 쟈이
구두(가죽)	giày da 쟈이 자
구레나룻	râu quai nón 저우 꽈이 논
구멍	lỗ 로
구멍을 뚫다.	khoét lỗ 쾟 로
구비하다	cụ bị 꾸 비
구성(전산)	cấu hình 꺼우 히잉
구성하다.	kết cấu 껫 꺼우
구어	khẩu ngữ 커우 응으
구역	vùng, khu vực 붕 쿠 븍
구월(9월)	tháng chín 탕 찐
구절(문장)	đoạn văn 돤 반
구조	tổ chức 또 쯕
구조(전산)	cấu trúc 꺼우 쭉
구조하다.(응급)	cứu giúp 끄우 쥽
구좌	tài khoản 따이 콴

교환되나요? — Có đổi được không?
꼬 도이 드억 콩

구좌기록(은행) — chương mục
쯔엉 묵

ㄱ

구체적인	cụ thể 꾸 테	국내	trong nước 쫑 느억
국(음식)	canh 까잉	국내공항	sân bay nội địa 썬 바이 노이 디아
국가를 부르다.	hát quốc ca 핫 꿕 까	국립	quốc gia 꿕 쟈
국경	bờ cõi 버 꼬이	국민	nhân dân 년 젼
국경을 통과하다.	quá cảnh 꽈 까잉	국영	quốc doanh 꿕 좌잉

구체적으로 협상합시다.	Xin mời đàm phán cụ thể. 씬 머이 담 판 꾸 테
구충제	thuốc tẩy giun 투억 떠이 지운
국경통과비자	visa quá cảnh 비싸 꽈 까잉
국고채권	trái phiếu quốc gia 짜이 피에우 꿕 쟈
국고채 신용장	tín phiếu kho bạc 띤 피에우 코 박
국기를 게양하다.	treo quốc kỳ 째오 꿕 끼
국을 드시겠어요?	Có dùng canh không? 꼬 중 까잉 콩

국자감	Quốc Tử Giám 꿕 뜨 쟘
국적	quốc tịch 꿕 띡
국제	quốc tế 꿕 떼
국제공항	sân bay quốc tế 썬 바이 꿕 떼
국화(꽃)	hoa cúc 화 꾹
국회	quốc hội 꿕 호이
군대	quân đội 꿘 도이
굴(해산물)	sò huyết 쏘 휘엣
굵다.	dày 자이
굽다.	nướng 느엉
궁(건물)	cung 꿍
궁금하다	thắc mắc 탁 막
권리	quyền lợi 꾸엔 러이
귀	tai 따이

국제전화	điện thoại quốc tế 디엔 토아이 꿕 떼
군고구마 / 고구마튀김	khoai nướng 콰이 느엉
군대에서 제대하다.	phục viên 푹 비엔
궁금한 건 못 참아.	Thắc mắc không chịu được. 탁 막 콩 찌우 드억
궁금해 죽겠네.	Tò mò chết mất. 떠 머 쩻 멋

귀 기울이다. lắng nghe
랑 응애

귀국하다. về nước
베 느억

귀머거리의 điếc
디엑

귀빈 quý khách
뀌 카익

귀신 ma
마

귀여운 đáng yêu
당 이에우

귀중품 hàng quý giá
항 뀌 쟈

귀찮아. Khó chịu.
코 찌우

규정 quy định
뀌 딕

균형 cân bằng
껀 방

권 / 세권 quyển / 3 quyển sách
꾸엔 / 바 꾸엔 싸익

권력 quyền lực, chính quyền
꾸엔 륵, 찌잉 꾸엔

권리를 박탈하다. đoạt quyền
돳 꾸엔

귀국준비 chuẩn bị về nước
쭈언 비 베 느억

귀여워요.(아기나 애인) Dễ thương quá.
제 트엉 꽈

귀중품 보관함 hộp bảo quản đồ quý giá
홉 바오 꽌 도 뀌 쟈

규정을 초과하다. vượt quá quy định
브엇 꽈 뀌 딕

귤	quả quýt 꽈 꿛	그건 그렇고	dù sao thì 주 싸오 티
그 남자(연장자)	anh ấy 아잉 어이	그것	cái đó 까이 도
그 밖에	ngoài ra 응와이 자	그날	hôm ấy 홈 어
그 부인	cô ấy 꼬 어이	그네	xích đu 씩 두
그 후에	sau đó 싸우 도	그녀(연장자)	chị ấy 찌 어이

그동안	trong thời gian qua 쫑 터이 쟌 꽈
그 소식을 들었어요?	Đã biết tin đó chưa ạ? 다 비엣 띤 도 쯔어 아
그거 필요 없어.	Tôi không cần nó. 또이 콩 껀 노
그걸로 됐습니다.(주문)	Thế đủ rồi ạ. 테 두 조이 아
그것뿐이야?	Chỉ thế thôi à? 찌 테 토이 아
그게 내 전문인걸요.	Đó là nghề của tôi mà. 도 라 응에 꾸어 또이 마
그게 바로 나야.	Đó chính là tôi. 도 찌잉 라 또이

ㄱ

그동안 một thời gian
못 터이 쟌

그들 họ
호

그때 lúc đó
룩 도

그래? Thế à?
테 아

그래서 vì vậy
비 버이

그래프 biểu đồ
비에우 도

그냥 구경하는 거예요. Tôi chỉ xem thôi ạ.
또이 찌 쌤 토이 아

그냥 날 좀 내버려 둬. Cứ mặc kệ tôi.
끄 막 께 또이

그냥 보통이지. Bình thường thôi.
비잉 트엉 토이

그냥 운동중인데요. Chỉ là tập thể dục thôi mà.
찌 라 떱 테 죽 토이 마

그들이 몇 시에 도착하지요? Mấy giờ thì họ đến?
머이 져 티 호 덴

그때 오토바이 타고 있었어.
Lúc đấy, tôi đang đi xe máy.
룩 더이, 또이 당 디 쌔 마이

그래 뭔가 이상해. Ừ, lạ thật đấy.
으 라 텃 더이

그래도 안되면 항의하자.
Nếu vẫn không được thì hãy phản đối.
네우 번 콩 드억 티 하이 판 도이

그러나	nhưng 능	그런데	nhưng mà 능 마
그러는 바람에	vì lý do ấy 비 리 조 어이	그럼	thế thì 테 티
그러면	thế thì 테 티	그렇게	như thế kia 느 테 끼아
그러지마.	Đừng làm thế. 등 람 데	그렇게 하면	nếu làm thế 네우 람 테
그런 후에	sau đó 싸우 도	그렇군요.	Thế à. 테 아

그래도 정말 다행이야. Nhưng rất may mắn.
능 젓 마이 만

그러려고 한 건 아녜요. Tôi không cố ý làm như thế.
또이 콩 꼬 이 람 느 테

그런데 전화를 꺼버리고 받질 않아.
Nhưng mà lại tắt máy, không nhận điện.
능 마 라이 땃 마이, 콩 년 디엔

그런데요, 전 지금 가봐야 할 것 같아요.
Thế nhưng chắc bây giờ tôi phải đi rồi.
테 능 짝 버이 져 또이 파이 디 조이

그럼, 모레는 어때? Thế thì, ngày kia thế nào?
테 티, 응아이 끼아 테 나오

그렇게는 안 돼. Không được đâu.
콩 드억 더우

그룹 등이 해체되다. tan rã
딴 자

그룹(가수) nhóm nhạc
뇸 냑

그릇 bát
밧

그리다.(그림) vẽ
배

그림 bức tranh
븍 짜잉

그만 가자. Dừng lại đi.
증 라이 디

그만 하자. Làm thế thôi.
람 테 토이

그물 lưới, mạng lưới
르어이, 망 르어이

그저께 hôm kia
홈 끼아

그 처럼 như thế
느 테

그치다.(비) tạnh
땅

극(연극) vở kịch
버 끽

극복하다. vượt qua
브엇 꽈

극장 rạp chiếu phim
잡 찌에우 핌

극히 cực kỳ
끅 끼

근거하다. dựa vào
즈아 바오

그렇다면 좋아요. Thế thì tốt.
테 티 똣

그릇 / 쌀국수 3그릇 bát / 3 bát phở bò
밧 / 바 밧 퍼 보

그만, 그만(말릴 때) thôi, thôi
토이, 토이

그을리다.(햇빛에) bị cháy nắng
비 짜이 낭

근로자 người lao động
응어이 라오 동

근면한 cần cù
껀 꾸

근본 căn bản
깐 반

근심 nỗi lo
노이 로

근원 nguồn gốc
응우온 곡

근접한 gần kề
건 께

근처에 gần
건

금 vàng
방

금고 két sắt
깻 쌋

금메달 huy chương vàng
휘 쯔엉 방

금붕어 cá vàng
까 방

금요일 thứ sáu
트 싸우

금지표지판 biển cấm
비엔 껌

금지하다. cấm
껌

급료를 깎다 cắt lương
깟 르엉

긍정하다. khẳng định
캉 딕

금강산도 식후경 có thực mới vực được đạo
꼬 특 머이 븍 드억 다오

금방 그 칠거야. Sẽ tạnh ngay thôi.
쌔 땅 응아이 토이

금지품을 소지하고 있습니까?
Có mang hàng cấm không?
꼬 망 항 껌 콩

기(국기) lá cờ
라 꺼

기간 thời hạn
터이 한

기계 máy, thiết bị
마이, 티엣 비

기관 cơ quan
꺼 꽌

기관지 phế quản
페 꽌

기념하다. kỷ niệm
끼 니염

기능 chức năng
쪽 낭

기능하다. hoạt động
홧 동

기다리다. chờ, đợi
쩌, 더이

기대하다. mong muốn
몽 무온

급하다. / 나 지금 급해. vội / Tôi đang rất vội.
보이 / 또이 당 젓 보이

급한 성질 tính khẩn trương
띠잉 컨 쯔엉

급한 일이 생겼어. Tôi có việc bận rồi.
또이 꼬 비역 번 조이

기계 고장 난 것 같아요. 한번 봐주실래요?
Hình như thiết bị này hỏng rồi. chị sẽ xem giúp em chứ?
히잉 느 티엣 비 나이 홍 조이. 찌 쌔 쌤 좁 앰 쯔

기내소지품 hành lý trong máy bay
하잉 리 쫑 마이 바이

기념으로 하다. làm kỷ niệm
람 끼 니염

기둥 cột
꼿

기록(성적) kỷ lục
끼 룩

기록하다. ghi
기

기르다.(아이, 동물) nuôi
누오이

기름 dầu
저우

기름기가 많은 nhiều mỡ
니에우 머

기반을 잡다. đặt cơ sở
닷 꺼 써

기본요금 giá cơ bản
쟈 꺼 반

기본적인 cơ bản
꺼 반

기분 tâm trạng
떰 짱

기분이 좋은 vui
부이

기쁘다. hạnh phúc
하잉 푹

기쁨 niềm vui
니염 부이

기사(신문) bài báo
바이 바오

기숙사 ký túc xá
끼 뚝 싸

기술 kỹ thuật
끼 투엇

기술자 kỹ sư
끼 쓰

기어오르다. leo
래오

기분이 더 좋아지다. vui hơn
부이 헌

기분이 어때? Tâm trạng thế nào?
떰 짱 테 나오

기사 다 읽었어요? Chị đã đọc hết bài báo chưa ạ?
찌 다 독 헷 바이 바오 쯔어 아

기억	ký ức 끼 윽
기억력	trí nhớ 찌 녀
기억해 내다.	nhớ ra 녀 자
기여하다.	đóng góp 동 곱
기원	cội nguồn, gốc 꼬이 응우온, 곡
기일	thời hạn, kỳ hạn 터이 한, 끼 한
기입하다.	ghi vào, điền 기 바오, 디엔
기자	nhà báo 냐 바오
기자회견하다.	họp báo 홉 바오
기준가격	giá chuẩn 쟈 쭈언
기질	tính tình 띠잉 띠잉
기차	tàu hỏa 따우 화
기차역	ga tàu hỏa 갸 따우 화
기찻길	đường sắt 드엉 쌋
기체	khí 키
기초	cơ sở 꺼 써

기억이 나지 않다.
không nhớ ra được
콩 녀 자 드억

기억이 잘 안나요.
Tôi không nhớ rõ.
또이 콩 녀 조

기차가 더 싸겠지만 더 느릴 것이다.
Tàu hỏa thì rẻ hơn nhưng sẽ rất chậm.
따우 화 티 재 헌 능 쌔 젓 쩜

ㄱ

기초적인	cơ bản 꺼 반
기침	ho 호
기타(악기)	ghi-ta 기 따
기한을 늘리다.	gia hạn 쟈 한
기호	dấu hiệu 저우 히에우
기호(취미)	sở thích 써 틱
기회	cơ hội 꺼 호이
기회가 있었다.	đã có dịp 다 꼬 집
기후	thời tiết, khí hậu 터이 띠엣, 키 허우
긴 머리	tóc dài 똑 자이
긴 생머리	tóc ép để dài 똑 앱 데 자이
긴급한	cấp bách, cấp thiết 껍 바익, 껍 티엣
긴장을 풀다.	thư giãn 트 쟌
길	con đường 꼰 드엉

기회가 되면 또 뵙길 바랍니다.
Nếu có cơ hội thì sẽ gặp lại.
네우 꼬 꺼 호이 티 쌔 갑 라이

기회를 놓치다. bỏ lỡ một cơ hội
보 러 못 꺼 호이

기회를 잡다. nắm bắt cơ hội
남 밧 꺼 호이

긴장하지 않았다. Tôi không cảm thấy căng thẳng.
또이 콩 깜 터이 깡 탕

길 건너편	bên kia đường 벤 끼아 드엉	길을 안내하다.	chỉ đường 찌 드엉
길다.	dài 자이	길을 잃다.	lạc đường 락 드엉
길어지다.(시간)	kéo dài 깨오 자이	길이 막히다.	tắc đường 딱 드엉
길을 건너다.	sang đường 쌍 드엉	길이(크기)	chiều dài 찌에우 자이
길을 떠나다.	lên đường 렌 드엉	김치를 만들다.	làm Kimchi 람 김치

길 끝 사거리까지 가세요.
Hãy đến ngã tư cuối phố này.
하이 덴 응아 뜨 꾸오이 포 나이

길 좀 비켜주세요.
Cho tôi đi nhờ.
조 또이 디 녀

김치 만들어 줄께.
Tôi sẽ làm Kimchi cho.
또이 쌔 람 김치 쪼

김치 먹어본 적 있어요?
Chị ăn Kimchi Hàn Quốc bao giờ chưa ạ?
찌 안 김치 한 꿕 바오 져 쯔어 아

김치는 발효 식품이다.
Kimchi là thực phẩm lên men.
김치 라 특 펌 렌 맨

ㄱ

깃대	cột cờ 꼿 꺼
깃발	cờ 꺼
깊이	sâu sắc 써우 싹
까마귀	quạ 꽈
깔때기	cái phễu 까이 페우`
깜박했다.	À,quên! 아 꾸엔
깜짝 놀라다.	giật mình 젿 미잉
깜짝 놀란	kinh ngạc 끼잉 응악
깨(곡물)	vừng 븡
깨끗이	sạch sẽ 싸익 쌔
깨닫다.	hiểu ra 히에우 자
깨뜨리다.	làm vỡ 람 버
깨지기 쉽다.	dễ vỡ 세 버
꺾어지다.(방향)	rẽ 재
껌	kẹo cao su 깨오 까오 쑤
껍질	vỏ 보
껍질을 깎다.(사과)	gọt vỏ 곳 보
껴안다.	ôm 옴

깎아주세요. — Hãy giảm giá cho tôi.
하이 잠 쟈 조 또이

깎아주세요. 아줌마. — Giảm giá cho tôi. chị ạ.
잠 쟈 조 또이 찌 아

깨워 주세요. — Làm ơn đánh thức tôi.
람 언 다잉 특 또이

ㄱ

꼭 끼는(옷)	chật 쩟
꽂다.(플러그)	cắm 깜
꽂아.(플러그)	Cắm vào đi. 깜 바오 디
꽃	hoa 화
꽃가게	cửa hàng hoa 끄어 항 화
꽃가루	cuống hoa 꾸옹 화
꽃무늬	hoa văn 화 반
꽃병	bình hoa 비잉 화
꽃을 따다.	ngắt hoa 응앗 화
꽃이 피다.	hoa nở 화 너
꾸짖다.	mắng 망
꿀	mật ong 멋 옹
꿈	ước mơ 으억 머
꿈꾸다.	mơ 머
끄다.(기계)	tắt 땃
끄덕이다.	gật đầu 것 더우

꼭 일찍 일어나셔야 해요.	Chị phải dậy sớm đấy. 찌 파이 저이 썸 더이
꼭 한번 봐요.	Nhất định chị sẽ gặp lại em. 녓 딕 찌 쌔 갑 라이 앰
꽃이 그려져 있다.	có vẽ hình hoa 꼬 배 히잉 화
꿈에서 미리 알려주다.	báo mộng 바오 몽

끈	dây, sợi dây 저이, 써이 저이	끝	cuối 꾸오이
끊다.(술, 담배)	từ bỏ 뜨 보	끝없는	vô tận 보 떤
끓는 물	nước sôi 느억 쏘이	끼다.(반지, 안경)	đeo 대오
끓이다.	nấu, sôi 너우, 쏘이		

끈적거리지 않는
không bết dính
콩 벳 지잉

끊지 말고 잠깐 기다려봐.
Cầm máy đợi tôi một chút nhé.
껌 마이 더이 또이 못 쭛 내

끓이다. / 여덟 시간 동안 끓이다.
đun / đun trong vòng 8 tiếng
둔 / 둔 쫑 봉 땀 띠응

끝나다. / 다 끝났어.
xong / Xong hết rồi.
쏭 / 쏭 헷 조이

ㄴ

한국어-베트남어 단어장

나	tôi 또이
나 어때?	Tôi thế nào? 또이 테 나오
나(친한 사이)	tớ 떠
나날이	càng ngày 깡 아이
나누다.	chia 찌아
나대신	thay tôi 타이 또이
나라	đất nước 덧 느억
나라를 세우다.	dựng nước 증 느억
나로서는	còn tôi, theo tôi 꼰 또이, 태오 또이
나르다.	chuyên chở 쭈엔 쩌
나무	cây cối 꺼이 꼬이
나무에 새기다.	khắc gỗ 칵 고

나 대신 대답하다. trả lời thay tôi
짜 러이 타이 또이

나도 그렇게 생각해
Tôi cũng nghĩ thế, Tôi hoàn toàn đồng ý.
또이 꿍 응이 테, 또이 호안 또안 동 이

나도 그렇기를 바랍니다. Tôi cũng muốn như thế.
또이 꿍 무온 느 테

나도 기뻐. Tôi cũng rất hạnh phúc.
또이 꿍 젓 하잉 푹

나만 빼놓고 가려고요?
Chị định đi mà không có tôi à?
찌 딕 디 마 콩 꼬 또이 아

ㄴ

나뭇가지	cành 까잉	나중에	sau này 싸우 나이
나뭇잎	lá cây 라 꺼이	나침반	la bàn 라 반
나쁘다.	xấu 써우	나타나다.	xuất hiện 쑤엇 히엔
나서다.(밖으로)	đứng ra 등 자	나팔	kèn 깬
나오다.	đi ra 디 자	낙관하다.	lạc quan 락 꽌
나이	tuổi 뚜어이	낙담하다.	chán nản 짠 난
나이프	con dao 꼰 자오	낙선하다.	thất cử 텃 끄

나무 밑에 숨다.
trốn dưới cây
쫀 즈어이 꺼이

나았어요.(질병)
Tôi đỡ rồi ạ.
또이 더 조이 아

나이가 많은 사람들이 그녀를 좋아해.
Những người lớn tuổi rất thích chị ấy.
능 응어이 런 뚜어이 젓 틱 찌 어이

나중에 다시 전화하다.
gọi lại sau
고이 라이 싸우

낙제하다.	trượt 쯔엇
낙타	con lạc đà 꼰 락 다
낙태하다.	nạo thai 나오 타이
낙후된	lạc hậu 락 허우
낚시하다.	câu cá 꺼우 까
날 믿어.	Tin tôi đi. 띤 또이 디
날다.	bay 바이
날씨	thời tiết 터이 띠엣
날씨가 덥다.	trời nóng 쩌이 농
날씨가 맑은	trong lành 쫑 라잉
날씨가 좋은	trời đẹp 쩌이 댑
날씨가 춥다.	trời lạnh 쩌이 라잇

난 항상 혼자야.
Tôi chỉ có 1 mình.
또이 찌 꼬 못 미잉

날씨 좋네요.
Trời đẹp nhỉ?
쩌이 댑 니

날씨가 좋다.
thời tiết tốt, trời đẹp quá
터이 띠엣 똣, 쩌이 댑 꽈

날씨가 답답하다.
thời tiết ngột ngạt
터이 띠엣 응옷 응앗

날씨가 따뜻하고 햇살이 좋다.
trời nắng ấm
쩌이 낭 엄

날씨가 따뜻하다.
thời tiết ấm áp
터이 띠엣 엄 압

날씬하다. mảnh mai
마잉 마이

날씬한 thon thả
톤 타

날아가다. bay đi
바이 디

날이 갈수록 ngày càng
응아이 깡

날조하다. hư cấu
흐 꺼우

날짜 ngày tháng
응아이 탕

낡은 cũ
꾸

남(성) nam
남

남극 nam cực
남 끅

남기다. còn lại
꼰 라이

남녀 nam nữ
남 느

남다. còn thừa
꼰 트어

남동생 em trai
앰 짜이

남부지역 miền nam
미엔 남

남북 bắc nam
박 남

남의 충고를 듣다. nghe lời
응애 러이

날씨가 시원하다. thời tiết mát mẻ
터이 띠엣 맛 매

날씬해 보여요. Trông chị có vẻ mảnh mai.
쫑 찌 꼬 배 마잉 마이

날이 갈수록 발전하다. càng ngày càng phát triển
깡 아이 깡 팟 찌엔

날이 갈수록 좋아지다. càng ngày càng tốt
깡 아이 깡 똣

남자 đàn ông
단 옹

남쪽 phía nam
피아 남

남편 chồng, nhà tôi
쫑, 냐 또이

납세하다. đóng thuế
동 투에

낭만적인 lãng mạn
랑 만

낭비야. Lãng phí quá.
랑 피 꽈

낭비하다. lãng phí
랑 피

낮 ban ngày
반 응아이

낮은 thấp
텁

낮잠 자다. ngủ trưa
응우 쯔어

낳다. sinh sản
씨잉 싼

내가 알기로는 theo tôi biết
태오 또이 비엣

내가 알았을 때 khi tôi biết
키 또이 비엣

내기하다. cá cược
까 끄억

내내 suốt
쑤옷

내년 sang năm
쌍 남

남부사람의 말을 하나도 이해 못하겠어.
Tôi không hiểu người miền nam nói gì cả.
또이 콩 히에우 응어이 미엔 남 노이 지 까

남자친구 / 그녀의 남자친구는 어떤 일을 해?
bạn trai / Bạn trai chị ấy làm gì nhỉ?
반 짜이 / 반 짜이 찌 어이 람 지 니

내 생각에 베트남은 tôi nghĩ Việt Nam là
또이 응이 비엣 남 라

내려가다.(아래층) xuống
쌰엉

내리다.(자동차) xuống
쌰엉

내부의 bên trong
벤 쫑

내용 nội dung
노이 중

내일 ngày mai
응아이 마이

내일 아침 sáng mai
쌍 마이

내 소개가 늦었네. Tôi quên tự giới thiệu rồi.
또이 꾸엔 뜨 져이 티에우 조이

내가 말하려는 건 tôi định nói
또이 딕 노이

내가 말했잖아. Tôi đã nói rồi mà.
또이 다 노이 조이 마

내가 뭐라고 말했어? Tôi đã nói gì?
또이 다 노이 지

내가 뭘 잘못 했어요? Tôi đã làm gì sai?
또이 다 람 지 싸이

내가 이상한 거예요? Tôi lạ lắm à?
또이 라 람 아

내건 내가 고를 거야. Tôi muốn tự tôi chọn.
또이 무온 뜨 또이 쫀

내구력이 있는 lâu bền, dai sức
러우 벤, 자이 쓱

내기 할래요? Chị có cược không?
찌 꼬 끄억 콩

내일 오후	chiều mai 찌에우 마이
내조하다.	giúp đỡ 쥽 더
냄비	nồi 노이
냄새 맡다.	ngửi mùi 응의 무이
냄새가 안 좋은	thối 토이
냄새를 풍기다.	bốc mùi 복 무이
냉수	nước lạnh 느억 라잇
냉장고	tủ lạnh 뚜 라잇
너(친한 사이)	cậu, bạn 꺼우, 반
너무 예쁜	đẹp tuyệt 댑 뚜엣
너무 적게 먹네.	Ăn ít quá. 한 잇 꽈
넓다.	rộng rãi 종 자이

내 생각엔
theo tôi, tôi thấy
태오 또이, 또이 터이

내수 진작(경제용어)
tăng cầu
땅 꺼우

내일 보는 거다. 응?
Mai gặp lại nhé.
마이 갑 라이 냬

내일 이 시간에 다시 올게요.
Bằng giờ này ngày mai tôi lại đến.
방 져 나이 응아이 마이 또이 라이 덴

냄새를 제거하다.
làm cho bay mùi
람 쪼 바이 무이

ㄴ

넘다.	vượt 브엇		네트워크	mạng 망
넘어지다.	ngã 응아		넥타이	cà vạt 까 밧
넘치다.	tràn qua 짠 꽈		넷(숫자)	bốn 본
넣다.	cho vào 조 바오		년 / 5년	năm / 5 năm 남 / 남 남
네 번째	thứ tư 트 뜨		노동	lao động 라오 동
네(대답)	vâng, dạ 벙, 자		노동력	sức lao động 쓱 라오 동
네덜란드	Hà Lan 하 란		노동자	người lao động 응어이 라오 동
네모진	hình vuông 히잉 부옹		노란색	màu vàng 머우 방

너무 애쓰지 마.	Đừng có cố quá. 등 꼬 꼬 꽈
네, 그렇게 해주세요.	Được ạ. 드억 아
네가 원하는 대로	như ý cậu 느 이 꺼우
네, 제가 박민수입니다.	Vâng, tôi là Park min su. 벙 또이 라 박 민 수

노래	bài hát 바이 핫	노래하다.	hát 핫
노래 잘하다.	hát hay 핫 하이	노력	nỗ lực 노 륵
노래방	quán karaoke 꽌 까라오깨	노력하다.	chịu khó 찌우 코
노래와 음악	ca nhạc 까 냑	노를 젓다.	bơi thuyền 버이 투엔

년전 / 일 년전	cách đây / cách đây 1 năm 까익 더이 / 까익 더이 못 남
년후 / 일 년후	năm sau / một năm sau 남 싸우 / 못 남 싸우
노동력을 낭비하다.	mất công 멋 꽁
노동시간	thời gian lao động 터이 쟌 라오 동
노래 좀 그만 불러.	Đừng hát nữa! 등 핫 느어
노래도 좋지요.	Hát cũng được. 핫 꿍 드억
노래방에서 노래하다.	hát karaoke 핫 까라오깨
노래방을 싫어하다.	không thích hát karaoke 콩 틱 핫 까라오깨

ㄴ

노름하다. đánh bạc
다잉 박

노선 lộ trình
로 찌잉

노인 người già, phụ lão
응어이 쟈, 푸 라오

노크하다. gõ cửa
고 끄어

노트 vở
버

노트북 máy tính xách tay
마이 띠잉 싸익 따이

노파 bà già
바 쟈

녹두콩 đậu xanh
더우 싸잉

녹음하다. ghi âm
기 엄

녹차 chè xanh
째 싸잉

논문 luận văn
루언 반

논쟁하지 말자. Đừng cãi.
등 까이

놀다. chơi
쩌이

놀라다. ngạc nhiên
응악 니엔

놀러 나가다. đi chơi
디 쩌이

놀러오다. đến nhà chơi
덴 냐 쩌이

농구 bóng rổ
봉 조

농담이야. Tôi đùa thôi!
또이 두어 토이

노벨문학상 giải nobel văn chương
쟈이 노벨 반 쯔엉

노트북은 누구 거예요?
Cái máy tính xách tay là của ai?
까이 마이 띠잉 싸익 따이 라 꾸어 아이

농담하다. đùa
두어

농림부 bộ nông lâm
보 농 럼

농민 nông dân
농 전

농업 nông nghiệp
농 응이엡

농업세 thuế nông nghiệp
투에 농 응이엡

농촌 nông thôn
농 톤

높은 cao
까오

높은 가격 giá cao
쟈 까오

높은 위치 thế mạnh
테 마잉

높이 độ cao
도 까오

놓다. đặt
닷

누가 시켰어? Ai ép?
아이 앱

누구 ai
아이

누구 배고파? Ai đói?
아이 도이

누구나 ai cũng
아이 꿍

누구세요? Ai đó? Ai đấy?
아이 도, 아이 더이

놀랄까봐 걱정하다. sợ giật mình
써 졋 미잉

높은 성적을 거두다. thành tích cao
타잉 떽 까오

누가 더 나이가 많아요? Ai nhiều tuổi hơn?
아이 니에우 뚜어이 헌

누가 알고 싶은데? Ai muốn biết?
아이 무온 비엣

누군데?	Ai thế? 아이 테	눈물	nước mắt 느억 맛
누룽지	cơm cháy 껌 짜이	눈병이 나다.	đau mắt 다우 맛
누르다.	ấn, bấm 언, 범	눈보라	bão tuyết 바오 뚜엣
누설하다.	tiết lộ 띠엣 로	눈사람	người tuyết 응어이 뚜엣
눅눅해지다.	ỉu 이우	눈싸움하다.	ném tuyết 냄 뚜엣
눈(기후)	tuyết 뚜엣	눈썹	lông mày 롱 마이
눈(신체)	mắt 맛	눈앞	trước mắt 쯔억 맛
눈동자	con ngươi 꼰 응어이	눈에 거슬리는	ngứa mắt 응으어 맛

누구 차례예요?	Đến lượt ai? 덴 르엇 아이
누구를 찾으세요?	Chị tìm ai đấy? 찌 띰 아이 더이
누구의 집에 가시는데요?	Chị đến nhà ai? 찌 덴 냐 아이
누군가와 통화하다.	nói chuyện điện thoại với ai 노이 쭈엔 디엔 토와이 버이 아이

눈을 뜨다.	mở mắt 머 맛	느긋한	thong thả 통 타
눈이 내리다.	tuyết rơi 뚜엣 저이	느끼다.	cảm thấy, thấy 깜 터이, 터이
눈이 부시다.	hoa mắt 화 맛	느끼해.(맛)	Mỡ quá!, Ngấy! 머 꽈, 응어이
눈이 아프다.	đau mắt 다우 맛	느리다.	chậm 쩜
눈이 오다.	có tuyết 꼬 뚜엣	늘어나다.	tăng 땅
눈치 보다.	thăm dò 탐 조	늙었어.	Già rồi. 자 조이
뉘앙스	sắc thái 싹 타이	늙은	già 자
뉴스	tin tức, thời sự 띤 뜩, 터이 쓰	늙은 여성	bà cụ 바 꾸
뉴스를 듣다.	nghe tin 응애 띤	능(왕의 무덤)	lăng tẩm 랑 떰

눈사람을 만들다. — làm người tuyết
람 응어이 뚜엣

눈이 나빠서 안경을 써야해.
Vì mắt kém nên phải đeo kính.
비 맛 깸 넨 파이 대오 끼잉

ㄴ

능동적인 năng động 낭 동	늦게 도착하다. đến muộn 덴 무온
능력 quá sức, năng lực 꽈 쓱, 낭 륵	늦게 일어나다. dậy muộn 저이 무온
능숙한 khéo 캐오	늦은 muộn 무온
능숙해지다. thành thạo 타잉 타오	늦잠자다. ngủ dậy muộn 응우 저이 무온

늦게 와서 미안해요. Xin lỗi vì tôi đến muộn.
씬 로이 비 또이 덴 무온

늦게 잠자리에 들다. thức khuya
특 퀴아

늦었다. Bây giờ muộn rồi.
버이 져 무온 조이

늦잠을 자주 자요. Tôi hay ngủ quên lắm.
또이 하이 응우 꾸엔 람

ㄷ

한국어-베트남어 단어장

다 알아듣다.	hiểu hết 히에우 헷
다 팔렸어.	Bán hết rồi. 반 헷 조이
다가가다.	xích lại 씩 라이
다가오다.(시기)	đến tháng 덴 탕
다른	khác nhau 칵 냐우
다른 것들	các cái khác 깍 까이 칵
다른 면	mặt khác 맛 칵
다른 방법	cách khác 까익 칵

다 먹다. / 다 먹었어요. ăn xong / Ăn xong rồi.
안 쏭 / 안 쏭 조이

다 알아. Tôi đã biết hết rồi.
또이 다 비엣 헷 조이

다른 것 좀 보여 주세요. Cho tôi xem cái khác.
조 또이 쌤 까이 칵

다른 것으로 바꾸다. thay cái khác
타이 까이 칵

다른 도시보다 오토바이가 많다.
Có nhiều xe máy hơn thành phố khác.
꼬 니에우 쌔 마이 헌 따잉 포 칵

다른 말은 안 해? Chị ấy có nói gì nữa không?
찌 어이 꼬 노이 지 느어 콩

다른 방법으로 해야겠어요. Tôi phải làm cách khác.
또이 파이 람 까익 칵

ㄷ

다리(건축)	cầu 꺼우	다만	chỉ có, chỉ là 찌 꼬, 찌 라
다리미	bàn là 반 라	다사다난한	sôi động 쏘이 동
다리와 도로	cầu cống 꺼우 꽁	다섯 번째	thứ năm 트 남
다림질	là hơi 라 허이	다섯(숫자)	năm 남

다른 사람으로 착각했어요. Tôi cứ tưởng là ai chứ.
또이 끄 뜨엉 라 아이 쯔

다른 색도 있어요? Có màu khác không ạ?
꼬 머우 칵 콩 아

다른 선택권이 없어.
Không còn sự lựa chọn nào khác.
콩 꼰 쓰 르어 쫀 나오 칵

다른 음식으로 바꿔도 되요?
Có thể đổi món khác được không ạ?
꼬 테 도이 몬 칵 드억 콩 아

다른 일을 없습니까? Còn việc gì nữa không ạ?
꼰 비역 지 느어 콩 아

다리를 다치다. bị đau ở chân
비 다우 어 쩐

다발 / 장미꽃 한 다발 bó / 1 bó hoa hồng
보 / 못 보 화 홍

다소간 ít nhiều
잇 니에우

다수의 đa số, đông đảo
다 쏘, 동 다오

다시 가져가다. lấy lại
러이 라이

다시 개최되다. lại tổ chức
라이 또 쯕

다시 느려지다. chậm lại
쩜 라이

다시 전화하다. gọi lại
고이 라이

다시 한 번 một lần nữa
못 런 느어

다시 한번하다. làm lại
람 라이

다운되다.(전산) máy dừng
마이 증

다음 아시안게임 Asiad tới
아시아드 떠이

다시 돌려줘야해. Nhớ đưa lại cho tôi nhé?
녀 드어 라이 조 또이 냬

다시 말씀해 주세요. Xin nói lại một lần nữa.
씬 노이 라이 못 런 느어

다시 오셨으면 좋겠네요.
Mong các chị lại đến thăm nữa.
몽 깍 찌 라이 덴 탐 느어

다시 전화할게. Tôi sẽ gọi lại.
또이 쌔 고이 라이

다시 한 번 잘 찾아봐. Thử tìm kỹ lại xem nào.
트 띰 끼 라이 쌤 나오

다음 아시아게임은 어디서 열려?
Asiad tới được tổ chức ở nước nào?
아시아드 떠이 드억 또 쯕 어 느억 나오

다음날	hôm sau 홈 싸우	다음으로	tiếp theo 띠엡 태오
다음달	tháng sau 탕 싸우	다음 주	tuần sau 뚜언 싸우
다음번	lần sau 런 싸우	다이어트하다.	ăn kiêng 안 끼응
다음부터는	từ lần sau 뜨 런 싸우	다지다.(요리)	băm 밤

다음 역에 내리다.
xuống ở bên sau
쑤엉 어 벤 싸우

다음 일요일은 괜찮아?
Chủ nhật tuần sau được không?
쭈 녓 뚜언 싸우 드억 콩

다음에 다시 전화할게.
Tôi sẽ gọi lại sau!
또이 쌔 고이 라이 싸우

다음에 무슨 일이 생겼는데요?
Thế chuyện gì xảy ra tiếp theo?
테 쭈엔 지 싸이 자 띠엡 태오

다음에 사용하다.
lần sau lại dùng
런 싸우 라이 중

다음에 얘기해 줄게요.
Lần sau em nói cho chị.
런 싸우 앰 노이 조 찌

다음에 올게요.
Lần sau tôi sẽ đến.
런 싸우 또이 쌔 덴

다치다. bị thương
비 트엉

다큐멘터리 phim tài liệu
핌 따이 리에우

다행이다. May mắn quá!
마이 만 꽈

닦다. lau
라우

단결하다. đoàn kết
도안 껫

단계 giai đoạn, bước
쟈이 돤, 브억

단독의 duy nhất
주이 녓

단발머리 tóc ngang vai
똑 응앙 바이

단백질 chất đạm
쩟 담

단식투쟁하다 tuyệt thực
뚜엣 특

단식하다. nhịn ăn
닌 안

단어 từ
뜨

단어 넣기 điền từ
디엔 뜨

단언하다. xác nhận
싹 년

단위 đơn vị
던 비

단지 chỉ
찌

단체 đoàn
도안

단체 여행객 đoàn du lịch
도안 주 릭

다해서 3000동 맞죠? Tất cả là 3000 phải không ạ?
떳 까 라 바 응인 파이 콩 아

단거 많이 먹지 마. Đừng ăn nhiều của ngọt.
등 안 니에우 꾸어 응옷

단장(우두머리) trưởng đoàn
쯔엉 도안

단체손님	đoàn khách 도안 카익
단추	cái cúc áo 까이 꾹 아오
단팥죽	chè đậu 째 더우
닫다.(뚜껑)	đậy 더이
달(시간)	tháng 탕
달(천체)	mặt trăng 맛 짱
달다.(맛)	ngọt 응옷
달라붙다.	dính 지잉
달라붙다.(옷이 젖어서)	bết 벳
달러	đô-la 도라
달력	lịch 릭
달성하다.	đạt được 닷 드어
달아나다.	bỏ chạy 보 짜이
달아요.(맛)	Ngọt quá. 응옷 꽈
달팽이	con sên 꼰 쎈
닭	con gà 꼰 갸

달려! 달려!	Chạy đi! Chạy đi! 짜이 디 짜이 디
달리기 경주를 하다.	chạy thi 짜이 티
달면서 맛있다.	vừa ngon vừa ngọt 브어 응온 브어 응옷
달팽이처럼 느린	chậm như rùa 쩜 느 주어

닭고기 thịt gà
틧 갸

닭 날개 cánh gà
까잉 갸

닭띠 tuổi gà
뚜어이 갸

닮은 giống
죵

담배 thuốc lá
투억 라

담배를 끊다. bỏ thuốc lá
보 투억 라

담배를 피우다. hút thuốc
훗 투억

담보 bảo đảm
바오 담

담보대출 cho vay thế chấp
조 바이 테 쩝

담요 chăn
짠

담임하다. đảm nhiệm
담 니엠

답례하다. đáp lễ
답 레

답변하다. đáp
답

당근 củ cà rốt
꾸 까 롯

닭 머리랑 다리 좀 잘라주세요.
Xin cắt đầu và chân của con gà.
씬 깟 더우 바 쩐 꾸어 꼰 갸

담당하다. đảm nhận, đảm đang
담 년, 담 당

담배를 피워도 될까요?
Tôi có thể hút thuốc được không?
또이 꼬 테 훗 투억 드억 콩

담배피우지마. Đừng hút thuốc lá.
등 훗 트억 라

ㄷ

당부하다. thúc giục
툭 죽

당연하다. tất nhiên
떳 니엔

당신 뜻대로 하세요. Chị được ưu tiên nhé.
찌 드억 유 띠엔 내

당신 말씀이 맞아요. Chị nói đúng.
찌 노이 둥

당신께 행운이 있기를 빕니다. Chúc chị đi may mắn.
쭉 찌 디 마이 만

당신도 그녀를 아세요? Chị cũng quen chị ấy à?
찌 꿍 꾸앤 찌 어이 아

당신말을 못 알아듣겠어요. Chị nói em không hiểu.
찌 노이 앰 콩 히에우

당신을 알게 되어서 매우 기뻐요.
Rất hân hạnh được làm quen với chị.
젓 헌 하잉 드억 람 꾸앤 버이 찌

당신을 위한 거예요. Đó là vì chị.
도 라 비 찌

당신이 승자예요. Chị là vô địch!
찌 라 보 딕

당신이 원하는 대로요. Tuỳ chị.
뛰 찌

당신이 히엔씨 이신가요?
Có phải là chị Hiền không?
꼬 파이 라 찌 히엔 콩

당연하지.	Tất nhiên rồi. 떳 니엔 조이	대단한	tuyệt 뚜엣
당황했어.	Tôi bối rối. 또이 보이 조이	대답하다.	trả lời 짜 러이
대(나무)	tre 째	대량의	số lượng lớn 쏘 르엉 런
대규모의	hàng loạt 항 롸	대령	đại tá 다이 따
대극장	nhà hát lớn 냐 핫 런	대륙	châu 쩌우
대기(권)	khí quyển 키 꾸엔	대리점	đại lý 다이 리

당좌예금	tài khoản vãng lai 따이 콴 방 라이
대 / 선풍기 3대	cái / 3 cái quạt máy 까이 / 바 까이 꽛 마이
대 / 택시 1대	chiếc / 1 chiếc taxi 찌엑 / 못 찌엑 딱시
대강 얼마나 걸려?	Mất khoảng bao lâu? 멋 쾅앙 바오 러우
대단하시군요.(재주)	Chị thật là tài. 찌 텃 라 따이
대담하게 말을 하다.	dám nói 잠 노이

ㄷ

대명사	đại từ 다이 뜨	대신하다.	thay thế 타이 테
대변	phân 펀	대의(원대한 뜻)	đại nghĩa 다이 응이아
대변보다.	đi đại tiện 디 다이 띠엔	대접하다.	chiêu đãi, đãi 찌에우 다이, 다이
대본	vở kịch 버 끽	대중	đại chúng 다이 쭝
대사	đại sứ 다이 쓰	대중식당	cơm bình dân 껌 비잉 전
대사관	đại sứ quán 다이 쓰 꽌	대처하다	đối xử 도이 쓰

대부분 너무 놀라한다.
Hầu hết mọi người đều ngạc nhiên.
허우 헷 모이 응어이 데우 응악 니엔

대사관 가는 길이에요. Tôi đang đến đại sứ quán.
또이 당 덴 다이 쓰 꽌

대우호텔 건너편 đối diện khách sạn Daewoo
도이 지엔 카익 싼 대우

대우호텔은 어디에 있어요?
Khách sạn Daewoo ở đâu?
카익 싼 대우 어 더우

대중교통 giao thông công cộng
쟈오 통 꽁 꽁

대체로 đại thể
다이 테

대체하다. bổ sung
보 쑹

대출하다. cho vay
조 바이

대통령 tổng thống
똥 통

대표(회사) đại diện
다이 지엔

대표단 đoàn đại biểu
도안 다이 비에우

대표자 người đại diện
응어이 다이 지엔

대표팀 đội tuyển
도이 뚜엔

대학교 trường đại học
쯔엉 다이 혹

대학원 viện cao học
비엔 까오 혹

대합실 phòng đợi
퐁 더이

대항하다. chống đối
쫑 도이

대화 đối thoại
도이 토와이

대화상자(전산) hộp thoại
홉 토와이

ㄷ

대출기한은 얼마인가요?
Thời hạn cho vay trong bao lâu?
터이 한 조 바이 쫑 바오 러우

대통령을 뽑다. bầu tổng thống
버우 똥 통

대학에서 강의를 맡고 있습니다.
Tôi là giảng viên trong trường đại học.
또이 라 쟝 비엔 쫑 쯔엉 다이 혹

대학원에서 공부중인 đang học cao học
당 혹 까오 혹

대회	đại hội 다이 호이	더 높은	cao hơn 까오 헌
댄스	điệu múa 디에우 무어	더 늦다.	muộn hơn 무온 헌
더	nữa 느어	더 많이	hơn nhiều 헌 니에우
더 쉽다.	dễ hơn 제 헌	더 있어.	Còn nữa chứ. 꼰 느어 쯔
더 나가서는	hơn nữa 헌 느어	더 큰	to hơn 또 헌

더 드시겠어요? Chị có ăn nữa không?
찌 꼬 안 느어 콩

더 많이 있다. nhiều thứ nữa
니에우 트 느어

더 빨리 해볼까요?
Chúng ta làm nhanh hơn nữa nhé?
쭝 따 람 야잉 헌 느어 내

더 작은 것은 없나요? Có cái nhỏ hơn không ạ?
꼬 까이 뇨 헌 콩 아

더 큰 것은 없나요? Có cái to hơn không ạ?
꼬 까이 또 헌 콩 아

더 필요한 거 없어요. 충분해요.
Không cần, thế đủ rồi.
콩 껀, 테 두 조이

더럽히다. ô nhiễm
오 니엠

더불어 cùng với
꿍 버이

더블룸 phòng đôi
퐁 도이

더빙하다. lồng tiếng
롱 띠응

더운 nóng
농

더치페이하다. trả tiền riêng
짜 띠엔 지응

덕 đức
득

덕담 lời chúc
러이 쭉

던져버리다. ném
냄

덫 bẫy
버이

덮다.(담요) đắp
답

덮다.(책) gấp
겁

데다.(불에) bỏng
봉

데리고 오다. đón
돈

데스크톱 máy tính để bàn
마이 띠잉 데 반

데이트 cuộc hẹn
꾸옥 핸

더럽군. 정말. Bẩn ơi là bẩn.
번 어일 라 번

더치페이해도 될까요?
Trả tiền riêng có được không ạ?
짜 띠엔 지응 꼬 드억 콩

덜 심심하게 하다. đỡ buồn hơn
더 부온 헌

데이트를 약속하다.	hò hẹn 호 핸
데치다.	luộc qua 루옥 꽈
도 / 40도	độ / 40 độ 도 / 본 무어이 도
도구	công cụ 꽁 꾸
도기	gốm 곰
도달하다.	lên tới 렌 떠이
도덕	đạo đức 다오 득
도둑	kẻ trộm, kẻ cướp 깨 쫌, 깨 끄업
도를 넘다.	quá mức 꽈 믁
도마뱀	thằn lằn 탄 란
도매로 팔다.	bán buôn 반 부온
도서관	thư viện 트 비엔
도시	đô thị 도 티
도움이 되는	có ích 꼬 익

데이터베이스(전산) cơ sở dữ liệu
꺼 써 즈 리에우

도마뱀(작은) con thạch sùng
꼰 타익 쑹

도망가다. thoát, bỏ chạy
토앗, 보 짜이

도와줄 수 있어요?
Chị có thể giúp tôi được không ạ?
찌 꼬 테 즙 또이 드억 콩 아

도자기류	đồ gốm 도 곰	독자(가족)	con một 꼰 못
도착하다.	đến 덴	독자(구독)	độc giả 독 쟈
도착할거야.	sẽ đến 쌔 덴	독창적	độc đáo 독 다오
독립하다.	độc lập 독 럽	독특한	đặc trưng 닥 쯩
독수리	chim ưng 찜 응	돈	tiền 띠엔
독신	độc thân 독 턴	돈을 계산하다.	tính tiền 띠잉 띠엔
독일	Đức 득	돈을 받다.	thu tiền 투 띠엔

도움이 필요한 일이 있으면, 말씀만 해주세요.
Có việc gì cần tôi giúp, chị cứ bảo.
꼬 비역 지 껀 또이 즙, 찌 끄 바오

돈 많이 벌고 복 받으세요.
Chúc an khang thịnh vượng.
쭉 안 캉 틱 브엉

돈 충전해주세요.
Nạp tiền cho tôi ạ.
납 띠엔 조 또이 아

돈을 많이 쓰지 않다.
chẳng đáng mấy
짱 당 머이

ㄷ

돈을 벌다.	kiếm tiền 끼엠 띠엔	돌아오다.	trở về 쩌 베
돈을 송금하다.	gửi tiền 그이 띠엔	돌연히	đột ngột 돗 응옷
돈을 인출하다.	rút tiền 줏 띠엔	돕다.	giúp đỡ 즙 더
돌다.(방향)	quay lại 꽈이 라이	동(방향)	phía đông 피아 동
돌려주다.	trả 짜	동(베트남 화폐단위)	đồng 동
돌보다.	chăm sóc 짬 쏙	동갑인	cùng tuổi 꿍 뚜어이

돈을 모으다. / 오토바이를 사기 위해 돈을 모으다.
góp tiền / góp tiền để mua xe máy
곱 띠엔 / 곱 띠엔 데 무어 쌔 마이

돈을 빌려주실 수 있으세요?
Cho tôi vay tiền, có được không?
조 또이 바이 띠엔, 꼬 드억 콩

돌려드리러 왔어요.
Tôi đến mang trả lại cho chị đấy.
또이 덴 망 짜 라이 조 찌 더이

동갑 맞아요.
Đúng là cùng tuổi rồi.
둥 라 꿍 뚜어이 조이

동굴	hang động 항 동	동생(남)	em trai 앰 짜이
동남아	đông nam á 동 남 아	동생(여)	em gái 앰 가이
동료	bạn đồng nghiệp 반 동 응이엡	동시에	đồng thời 동 터이
동메달	huy chương đồng 휘 쯔엉 동	동업자	bạn hàng 반 항
동물	động vật 동 벗	동유럽	đông âu 동 어우
동물원	sở thú 써 투	동의하다.	đồng ý 동 이
동반자	đối tác 도이 딱	동포	đồng bào 동 바오
동반하다.	đi kèm 디 깸	돛을 달다.	căng buồm 깡 부옴
동사(문법)	động từ 동 뜨	돼지	con lợn 꼰 런

동료의 집을 방문하다. đên thăm nhà đồng nghiệp
덴 탐 냐 동 응이엡

동반자 관계 quan hệ đối tác
꽌 헤 도이 딱

동안 / 8시간 동안trong vòng / trong vòng 8 tiếng
쫑 봉 / 쫑 봉 땀 띠응

ㄷ

돼지띠	tuổi lợn 뚜어이 런	두근거리다.	hồi hộp 호이 홉
되나요?	Có được không ạ? 꼬 드억 콩 아	두꺼비	con cóc 꼰 꼭
되다.	được 드억	두다.	để 데
되풀이하다.	nhắc lại 냑 라이	두려운	kinh khủng 끼잉 쿵
두 번째	lần thứ hai 런 트 하이	두려워하다.	sợ 써
두고 가다.	bỏ quên 보 꾸엔	두리안(과일)	quả sầu riêng 꽈 써우 지응
두고 잊어버리다.	đánh mất 다잉 멋	두부	đậu phụ 더우 푸

돼다 안됐다 해요.
Khi nào thì được, khi nào thì không được.
키 나오 티 드억, 키 나오 티 콩 드억

두 번 했어.
Tôi đã làm hai lần rồi.
또이 다 람 하이 런 조이

두 팀이 비겼어.
Hai đội hòa.
하이 도이 화

두개로 자르다.
chia thành hai cái
찌아 타잉 하이 까이

두통이 있는 đau đầu
다우 더우

둑 bờ
버

둘 다 cả hai đều
까 하이 데우

둘(숫자) hai
하이

둘러싸다. bao quanh
바오 꽈잉

둘레(원주) đường tròn
드엉 쫀

둥근 tròn
쫀

둥근 광주리 hộp tròn
홉 쫀

뒤꿈치 gót
곳

뒤죽박죽인 lộn xộn
론 쏜

뒤집다.(안을 밖으로) lật
럿

뒤쪽 phía sau
피아 싸우

뒤쫓다. chạy theo
짜이 태오

뒷담화 chuyện sau lưng
쭈엔 싸우 릉

뒷면 mặt trái
맛 짜이

드라이브하다. lái xe
라이 쌔

드라이어 cái máy sấy tóc
까이 마이 써이 똑

드라이하다.(머리) sấy tóc
써이 똑

둔화(경제용어) xu hướng giảm
쑤 흐엉 쟘

둘러보다. xem vòng quanh
쌤 봉 꽈잉

뒤에 있는 사람들 những người ở phía sau
능 응어이 어 피아 싸우

ㄷ

드럼(악기) trống
쫑

드리다. biếu
비에우

드세요.(어른에게) Xin mời.
씬 머이

듣기 좋은 nghe bùi tai
응애 부이 따이

듣기로는 nghe nói
응애 노이

듣다. nghe
응애

들다.(손에) cầm
껌

들다.(역기를) cử tạ
끄 따

들르다. ghé qua
개 꽈

들어가다. đi vào
디 바오

들판 cánh đồng
까잉 동

등(인체) lưng
릉

등급 hạng
항

등급에 도달하다. đạt mức
닷 믁

등기우편 thư bảo đảm
트 바오 담

등대 hải đăng
하이 당

득점이 나질 않았어요. Không có bàn thắng nào.
콩 꼬 반 탕 나오

들어가도 돼? Tôi vào được không?
또이 바오 드억 콩

등기우편으로 보내려고요.
Tôi muốn gửi thư bảo đảm.
또이 무온 그이 트 바오 담

등록증 giấy đăng ký
져이 당 끼

등록하다. đăng ký
당 끼

디스크(전산) đĩa
디아

디자인하다. thiết kế
티엣 께

디지털 kỹ thuật số
끼 투엇 쏘

따다.(과일) hái
하이

따뜻하게 하다.(난방) sưởi
쓰어이

따뜻하다. ấm áp
엄 압

따라가다. đi theo
디 태오

따로 riêng
지응

따르다.(명령) tuân thủ
뚜언 투

따르다.(액체) rót
좃

따르지 않다. chống lại
쫑 라이

따지다. cãi nhau
까이 냐우

딱딱한 cứng
끙

딸 con gái
꼰 가이

딸기 dâu tây
저우 떠이

딸꾹질 nấc cụt
넉 꿋

땀을 흘리다. chảy mồ hôi
짜이 모 호이

땅 đất
덧

땅을 갈다. cày cấy
까이 꺼이

땅을 밟다. đặt chân
닷 쩐

디지털카메라 máy ảnh kỹ thuật số
마이 아잉 끼 투엇 쏘

ㄷ

땅콩	lạc 락	또는	hoặc 호악
때때로	thỉnh thoảng 티잉 토앙	또한	cũng thế 꿍 테
때려.	Đánh đi. 다잉 디	똑같다.	giống nhau 좀 나우
때리다.	đánh 다잉	똑똑히 말하다.	nói rõ 노이 조
떠나다.	rời khỏi 저이 코이	똑바로 가다.	đi thẳng 디 탕
떨어지다.	rơi xuống 저이 쑤엉	뚜껑	nắp 납
떼(무리)	đàn, nhóm 단, 놈	뚱뚱하다.	béo, mập 배오, 멉

때문에 / 나 때문이라고 생각해.
tại / Tôi nghĩ là tại tôi.
따이 / 또이 응이 라 따이 또이

떠올리다. / 그녀를 떠올리곤 했다.
nhớ đến / Tôi nhớ đến cô ấy.
녀 덴 / 또이 녀 덴 꼬 어이

또 까먹었어요? Sao chị lại quên chứ?
싸오 찌 라이 꾸엔 쯔

똑같이 예쁘다. đẹp như nhau
댑 느 나우

뛰다.	nhảy 냐이	뜯다.(봉투 등을)	xé 쌔
뜨거운	nóng 농	뜯다.(포장, 껍질)	bóc 복
뜨거워.	Nóng quá. 농 꽈	뜯어봐.	xé đi! 쌔 디
뜨다.(물에서)	nổi lên 노이 렌	뜻(의미)	nghĩa 응이아
뜨다.(연예인)	nổi 노이	뜻대로	mặc ý 막 이

뜨거운 물 조금만 더 주세요.

Cho thêm ít nước nóng nữa ạ.

조 템 잇 느억 농 느어 아

2

한국어-베트남어 단어장

라디오 đài
다이

라면 mì
미

라오스(나라) Lào
라오

라이터 bật lửa
벗 르어

라임(과일) chanh
짜잉

랍스타 con tôm càng
꼰 똠 깡

러시아 Nga
응아

러시아어 tiếng Nga
띠응 응아

러시아워 giờ cao điểm
져 까오 디엠

레드카드 thẻ đỏ
태 도

레몬주스 nước chanh
느억 짜잉

레벨 cấp bậc
껍 벅

레스토랑 hiệu ăn
히에우 안

로그인(전산) đăng nhập
당 녑

라디오 방송국 đài phát thanh
다이 팟 타잉

라이스페이퍼 bánh đa nem
바잉 다 냄

렌트카회사 công ty thuê xe
꽁 띠 투에 쌔

로마에 가면 로마법을 따라야지.
Nhập gia tùy tục đấy!
녑 쟈 뛰 뚝 더이

ㄹ

로딩 용량(전산) tải trọng
따이 쫑

로맨틱한 lãng mạn
랑 만

로비 hành lang
하잉 랑

루마니아 Romania
로마니아

루비 viên hồng ngọc
비엔 홍 응옥

리더 hàng đầu
항 더우

리듬 thanh điệu
타잉 디에우

리모컨 điều-khiển từ xa
디에우 키엔 뜨 싸

리셉션 lễ tân
레 떤

리스트 danh sách
자잉 싸익

리찌(과일) quả vải
꽈 바이

립스틱 son
썬

롤 / 휴지 3롤 cuộn / 3 cuộn giấy vệ sinh
꾸온 / 바 꾸온 져이 베 씨잉

룸서비스 phục vụ phòng khách
푹 부 퐁 카익

리터 / 물 1리터 lít / 1 lít nước
릿 / 못 릿 느억

한국어-베트남어 단어장

마늘	củ tỏi 꾸 또이
마땅히 ~ 해야 한다.	nên 넨
마르다.	gầy 거이
마른(건조)	khô 코
마술	ảo thuật 아오 투엇
마스크	khăn bịt mặt 칸 빗 맛
마시다.	uống 우엉
마실 것	đồ uống 도 우엉
마약	ma túy 마 뛰
마우스(전산)	chuột 쭈옷
마을 입구	đầu làng 더우 랑
마을	làng 랑
마을의 총칭	làng xã 랑 싸
마음	tâm 떰
마음대로	tùy tiện 뛰 띠엔
마음에 드는	đành 다잉
마리 / 닭 3마리	con / 3 con gà 꼰 / 바 꼰 갸
마약을 하다.(주사로)	tiêm chích 띠엠 찍
마우스 오른쪽 클릭하다.(전산)	nhấn phải chuột 년 파이 쭈옷
마음에 드는 물건	thứ họ thích 트 호 틱

ㅁ

마음을 다해서	hết lòng 헷 롱	마천루	chọc trời 쪽 쩌이
마음이 따뜻한	tốt bụng 뜻 북	마취하다.	gây tê 거이 떼
마음이 아픈	đau lòng 다우 롱	마치다.	kết thúc 껫 툭
마음이 평온한	bình thản 비잉 탄	마침표를 찍다.	chấm 쩜
마이너스의	âm 엄	막 ~하려하다.	sắp 쌉
마중 나가다.	đón 돈	막 뛰어가다.	chạy ào 짜이 아오
마지막	cuối cùng 꾸오이 꿍	막 일어났어요.	Mới dậy. 머이 저이
마찬가지로	cũng như 꿍 느	막(연극)	hồi 호이

마음에 드십니까? — Có vừa ý không ạ?
꼬 브어 이 콩 아

마음에 안 들어요. — Không vừa ý.
콩 브어 이

마음이 아파. — Đau lòng quá.
다우 롱 꽈

막 2년 되었어요. — Mới được 2 năm nay.
머이 드억 하이 남 나이

막내 con út
꼰 웃

막다. che chở
째 쩌

만(바다) vịnh
빙

만기가 되다. hết hạn
헷 한

만나다. gặp
갑

만두 bánh bao
바잉 바오

만들다. làm
람

만들어 내다. đặt ra
닷 자

만약 nếu
네우

만약 그렇다면 nếu thế
네우 테

만약 필요하다면 nếu cần
네우 껀

만족시키다. làm vui lòng
람 부이 롱

만족하는 vừa lòng
브어 롱

만족해요. Hợp ý tôi lắm.
헙 이 또이 람

만나고 싶다. / 히엔씨를 만나고 싶어요.
muốn gặp / Tôi muốn gặp chị Hiền.
무온 갑 / 또이 무온 갑 찌 히엔

만약 그렇지 않다면 nếu không
네우 콩

만약 바쁘지 않으시면, 같이 가요.
Nếu không bận thì chúng ta cùng đến đi.
네우 콩 번 티 쭝 따 꿍 덴 디

만족스러워. Tôi cảm thấy hài lòng.
또이 깜 터이 하이 롱

ㅁ

만화영화	hoạt hình 홧 히잉
많은	nhiều 니에우
많은 곳	nhiều nơi 니에우 너이
많은 사람	đông người 동 응어이
많이 먹다.	ăn nhiều 안 니에우
많이 먹었어.	Ăn nhiều rồi. 안 니에우 조이
맏아들	con trai cả 꼰 짜이 까
말(언어)	tiếng, lời 띠응, 러이
말(동물)	con ngựa 꼰 응어
말띠	tuổi ngựa 뚜어이 응어
말라지다.(체중)	gầy đi 거이 디
말리다.(건조)	lau khô 라우 코

많이 돌봐주시기 바랍니다.
Tôi mong được chị giúp đỡ nhiều.
또이 몽 드억 찌 즙 더 니에우

많이 들어도 하나도 이해하지 못하다.
Có nghe bao nhiêu cũng không hiểu gì cả.
꼬 응애 바오 니에우 꿍 콩 히에우 지 까

많이 먹고 많이 커라.(어린이에게 덕담)
Chúc hay ăn chóng lớn.
쭉 하이 안 쫑 런

많이 바쁘지 않아.
Không bận lắm.
콩 번 람

말 자르지마.
Đừng có ngắt lời.
등 꼬 응앗 러이

말씀 lời nói
러이 노이

말을 자르다. ngắt lời
응앗 러이

말을 타다. cưỡi ngựa
끄어이 응어

말자하면 gọi là
고이 라

말하기를 nói rằng / bảo là
노이 장 / 바오 라

말하다. nói
노이

말할 필요가 없다. khỏi nói
코이 노이

말해봐. Nói đi.
노이 디

맛 hương vị, mùi vị
흐엉 비, 무이 비

맛보다. ăn thử
안 트

말도 안돼. Không phải chứ.
콩 파이 쯔

말라 보여요. Trông chị gầy đi nhiều đấy.
쫑 찌 거이 디 니에우 더이

말레이시아인 người Malaysia
응어이 말라이씨아

말씀하실 것이 있으면, 제가 전해 드릴게요.
Có việc gì xin cứ nói, tôi sẽ nhắn lại cho.
꼬 비엑 지 씬 끄 노이, 또이 쌔 냔 라이 쪼

말씀해 주실 수 있나요? Chị có thể cho biết không?
찌 꼬 테 쪼 비엣 콩

말하고 싶은 기분이 아니야. Chẳng có gì để nói cả.
짱 꼬 지 데 노이 까

ㅁ

맛보세요. Xin ăn thử đi.
씬 안 트 디

맛없다. không ngon
콩 응온

맛이 좋은 ngon
응온

맛있겠다. Có vẻ ngon nhỉ.
꼬 배 응온 니

맛있어? Có ngon không?
꼬 응온 콩

망가뜨리다 làm hỏng
람 홍

망고 quả xoài
꽈 쏘와이

망고스틴 quả măng cụt
꽈 망 꿋

맞은편 đối diện
도이 지엔

맞추다. bắt buộc, lắp
밧 부옥, 랍

맡기다. gửi
그이

매너 lối
로이

말했잖아요. Tôi đã bảo rồi mà.
또이 다 바오 조이 마

맑은(날씨) quang đãng, trong lành
꽝 당, 쫑 라잉

맛없어 보여. Có vẻ không ngon.
꼬 배 콩 응온

맛있게 먹어. Chúc ăn ngon.
쭉 안 응온

망치다. / 다 망쳐 버렸잖아.
làm hỏng / Em làm hỏng hết rồi.
람 홍 / 앰 람 홍 헷 조이

매년 háng năm, mỗi năm
항 남, 모이 남

매니큐어 sơn móng tay
썬 몽 따이

매다.(넥타이) thắt
탓

매력 sắc
싹

매력 있는 hấp dẫn
헙 전

매우 rất, lắm
젓, 람

매우 조금 ít ỏi
잇 오이

매일 hàng ngày, mỗi ngày
항 아이, 모이 응아이

매일 2알씩 mỗi ngày 2 viên
모이 응아이 하이 비엔

매진 hết vé
헷 배

매트 chiếu
찌에우

매트리스 nệm
넴

맞나요? Có đúng thế không ạ?
꼬 둥 테 콩 아

맞는 길로 가고 있나요?
Chị có đi đúng đường không?
찌 꼬 디 둥 드엉 콩

맞는지 보려고 입어봤어.
Tôi mặc thử xem có hợp không.
또이 막 트 쌤 꼬 헙 콩

맡아서 해나가다. đảm đương
담 드엉

매우 당황하다. hoang mang
황 망

ㅁ

매표소	cửa bán vé 끄어 반 배	맺다.(약혼등)	đính ước 디잉 으억
매혹시키다.	thu hút 투 훗	머리	đầu 더우
매화	hoa mai 화 마이	머리가 나쁜	đần độn 던 돈
맥박	mạch 막	머리가 벗겨지다.	bị hói 비 호이
맥주	bia 비아	머리가 아프다.	đau đầu 다우 더우
맥주 4병	4 chai bia 본 짜이 비아	머리가 좋다.	thông minh 통 미잉
맵다.	cay 까이	머리를 감다.	gội đầu 고이 더우

매일 몇 시부터 몇 시까지 일해요?
Hàng ngày chị làm việc từ mấy giờ đến mấy giờ?
항 아이 찌 람 비역 뜨 머이 져 덴 머이 져

맥주 많이 마시면 배 나올 거야.
Nếu uống quá nhiều bia, thì bụng phệ đấy.
네우 우엉 꽈 니에우 비아, 티 북 페 더이

맥주나 술을 드시겠어요?
Ông có dùng bia hay rượu nữa không ạ?
옹 꼬 중 비아 하이 즈어우 느어 콩 아

머리를 기르다. nuôi tóc dài
누오이 똑 자이

머리를 묶다. buộc tóc
부옥 똑

머리를 숙이다. cúi
꾸이

머리를 풀다. xõa tóc
쏘아 똑

머리카락 tóc
똑

머물다.(숙박) ở lại
어 라이

먹고 마시다. ăn uống
안 우엉

먼(거리) xa
싸

먼저 trước
쯔억

먼저 도착하다. đến trước
덴 쯔억

먼지 bụi
부이

멀리뛰기 nhảy xa
냐이 싸

머리를 가로 젓다.(거절) lắc đầu
락 더우

머리를 스타일링하다. làm đầu
람 더우

먹다. / 다 먹어. ăn / Ăn hết đi.
안 / 안 헷 디

먹어봐도 되요? Ăn thử có được không ạ?
안 트 꼬 드억 콩 아

먼가요? Còn xa không, chị?
꼰 싸 콩, 찌

먼저 가도 되지? Tôi đi trước nhé?
또이 디 쯔억 내

멀미하다.	say tàu xe 싸이 따우 쌔	메다.	gánh 가잉
멀지.	Rất xa. 젓 싸	메달	huy chương 휘 쯔엉
멈추다.	dừng 증	메뚜기	con châu chấu 꼰 쩌우 쩌우
멈칫하다.	do dự 조 즈	메론	quả dưa lê 꽈 즈어 레
멋진	tuyệt vời 뚜옛 버이	메모	lời nhắn 러이 냔
메뉴판	thực đơn 특 던	메모리(전산)	bộ nhớ 보 녀

먼저 가도 될까요? Tôi về trước, có được không?
또이 베 쯔억, 꼬 드억 콩

먼저 간다. Tôi đi trước đây!
또이 디 쯔억 더이

멀미를 멈추게 하다. chống say tàu xe
쫑 싸이 따우 쌔

멍청하지 않다. không đần độn
콩 던 돈

메뉴판을 보여주세요. Cho tôi xem thực đơn ạ.
조 또이 쌤 특 던 아

메달을 따다. giành huy chương
자잉 휘 쯔엉

메스꺼운 gớm
검

멜로디 giai điệu
쟈이 디에우

멜로영화 phim tình cảm
핌 띠잉 깜

멤버 thành viên
타잉 비엔

며느리 con dâu
꼰 저우

며칠에? Ngày nào?
응아이 나오

면도기 máy cạo râu
마이 까오 저우

면도용 크림 kem cạo râu
깸 까오 저우

면도칼 dao cạo
자오 까오

면도하다. cạo râu
까오 저우

면밀히 검토하다. duyệt
주엣

면적 diện tích
지엔 띡

메달을 수여하다. trao huy chương
짜오 휘 쯔엉

메모를 남기다. để lại lời nhắn
데 라이 러이 냔

메시지를 보내다. gửi lời, nhắn
그이 러이, 냔

며칠 những ngày, vài ngày
능 응아이, 바이 응아이

며칠 표를 사려고 하나요?
Chị định mua vé ngày nào?
찌 딕 무어 배 응아이 나오

면접	phỏng vấn 퐁 번	명예와 지위	danh vị 자잉 비
명령	lệnh, mệnh lệnh 레잉, 메잉 레잉	명절	ngày tết 응아이 뗏
명부	danh sách 자잉 싸익	명절을 쇠다.	ăn tết 안 뗏
명사	danh từ 자잉 뜨	명중하다.	trúng 쭝
명성	danh tiếng 자잉 띠응	명함이 있다.	có danh thiếp 꼬 자잉 티엡
명승고적	di tích lịch sử 지 떡 릭 쓰	명확한	rõ 조
명승지	thắng cảnh 탕 까잉	몇 가지	một vài 못 바이

면세점 — cửa hàng miễn thuế
끄어 항 미엔 투에

명 / 10명 — người / 10 người
응어이 / 므어이 응어이

명령체계 — hệ thống lệnh
헤 통 레잉

명절에 가족모두 모여서 즐겁게 보낸다.
Vào dịp tết, cả gia đình quây quần bên nhau rất vui vẻ.
바오 집 뗏, 까 쟈 디잉 꾸어이 꿘 벤 냐우 젓 부이 배

몇 개 있는 có mấy
꼬 머이

몇 년 vài năm
바이 남

몇 년 후에 mấy năm sau
머이 남 싸우

몇 년도에? Năm nào?
남 나오

몇 번 mấy lần
머이 런

몇 시에? Lúc mấy giờ?
룩 머이 져

몇 일전에 mấy hôm trước
머이 홈 쯔억

몇 주(동안) mấy tuần
머이 뚜언

명절에 베트남사람들은 전통음식을 먹는다.
Vào dịp tết, người Việt Nam thường ăn món ăn truyền thống.
바오 집 뗏, 응어이 비엣 남 트엉 안 몬 안 쭈엔 통

몇 가지 소개 좀 해주세요.
Nhờ chị giới thiệu cho em một chút.
녀 찌 져이 티에우 쪼 앰 못 쭛

몇 가지 의견 một vài suy nghĩ
못 바이 쑤이 응이

몇 곳을 소개해 주세요.
Nhờ giới thiệu cho vài nơi.
녀 져이 티에우 쪼 바이 너이

몇 년 후 다시 열려요? Mấy năm sau lại tổ chức?
머이 남 싸우 라이 또 쯕?

몇 살이세요? Chị bao nhiêu tuổi ạ?
찌 바오 니에우 뚜어이 아

ㅁ

몇 층?	Tầng mấy? 떵 머이	모기가 물다.	muỗi đốt 무오이 돗
몇 컵	mấy cốc 머이 꼭	모기에 물리다.	bị muỗi đốt 비 무오이 돗
몇몇의	một số 못 쏘	모기장	màn 만
모계제도	mẫu hệ 머우 헤	모니터	cái mô-ni-tơ 까이 모니떠

몇 살이야?	Em bao nhiêu tuổi? 앰 바오 니에우 뚜어이
몇 시 비행기 인데?	Mấy giờ máy bay hạ cánh? 머이 져 마이 바이 하 까잉
몇 시에 도착해요?	Mấy giờ đến nơi? 머이 져 덴 너이
몇 시에 떠나요?	Mấy giờ khởi hành? 머이 져 커이 하잉
몇 시에 시작하나요?	Mấy giờ thì bắt đầu nhỉ? 머이 져 티 밧 더우 니
몇 시에 우리 가요?	Mấy giờ chúng ta đi? 머이 져 쭝 따 디
몇 시에 일어나요?	Chị ngủ dậy lúc mấy giờ? 찌 응우 저이 룩 머이 져
몇 장씩 현상하시겠어요?	Mỗi kiểu rửa mấy cái? 모이 끼에우 즈어 머이 까이

모니터하다. theo dõi
태오 조이

모델(사람) người mẫu
응어이 머우

모두 tất cả
떳 까

모두 같다. đều giống nhau
데우 죵 나우

모래 cát
깟

모레 ngày kia
응아이 끼아

모르는 사람 người lạ
응어이 라

모를 심다. cấy
꺼이

모 / 두부 5모 bìa / 5 bìa đậu phụ
비아 / 남 비아 더우 푸

모기에 물린 자국 vết muỗi đốt
벳 무오이 돗

모두 당신을 위한 거라고요. Tất cả là vì chị.
떳 까 라 비 찌

모두 뜻대로 이루어지길 바랍니다. Mọi sự như ý!
모이 쓰 느 이

모두 앉으세요. Mời tất cả ngồi.
머이 떳 까 응오이

모두 얼마예요? Tất cả bao nhiêu tiền ạ?
떳 까 바오 니에우 띠엔 아

모두들 가요. Mọi người đều đi cả.
모이 응어이 데우 디 까

모든 가게가 문을 닫다. Các cửa hàng đều đóng cửa.
깍 끄어 항 데우 동 끄어

ㅁ

모으다. thu thập
투 텁

모이다. quây quần
꾸어이 퀀

모자 mũ
무

모자가 끼다. mũ chật
무 쩟

모자라는 kém, thiếu
깸, 티에우

모자를 쓰다. đội mũ
도이 무

모조품 hàng giả
항 자

모퉁이 góc
곡

목(구멍) họng
홍

목걸이 sợi dây chuyền
써이 저이 쭈엔

모든 것을 포함하다. gồm cả
곰 까

모든 여자들은 흰 피부를 가지고 싶어 한다.
Mọi phụ nữ đều muốn có khuôn mặt trắng.
모이 푸 느 데우 무온 꼬 쿠온 맛 짱

모르겠는데, 거기까지는 생각해보질 않았어.
Tôi không biết, chưa nghĩ đến.
또이 콩 비엣, 쯔어 응이 덴

모르다. / 잘 모르다. không biết / không biết rõ
콩 비엣 / 콩 비엣 조

모방하다. bắt chước, mô phỏng
밧 쯔억, 모 퐁

모자 쓰세요. Xin đội mũ vào đi ạ.
씬 도이 무 바오 디 아

목걸이를 차다.	đeo vòng 대오 봉
목격자	người chứng kiến 응어이 쯩 끼엔
목격하다.	chứng kiến 쯩 끼엔
목도리를 하다.	quàng khăn 꽝 칸
목록	danh mục 자잉 묵
목마른	khát 캇
목소리	giọng 지엉
목수	thợ mộc 터 목
목요일	thứ năm 트 남
목욕하다.	tắm 땀
목욕실	phòng tắm 퐁 땀
목의 염증	viêm họng 비엠 홍
목이 쉬다.	giọng khàn 지엉 칸
목이버섯	mộc nhĩ 목 니
목재	gỗ 고
목적	mục đích 묵 딕
목적을 달성하다.	đạt 닷
목표	mục tiêu 묵 띠에우

모자가 좀 커야 할 것 같아요.
Mũ phải hơi to một chút.
무 파이 허이 또 못 쭛

목소리가 왜 그래요? Giọng chị bị làm sao thế.
지엉 찌 비 람 싸오 테

ㅁ

몰두하다.	say mê 싸이 메	못생긴	xấu 써우
몰라.	Không biết. 콩 비엣	못생긴(남자)	xấu trai 써우 짜이
몰래	lén lút 랜 룻	못생긴(여자)	xấu gái 써우 가이
몰래 먹다.	ăn vụng 안 붕	묘비	bia mộ 비아 모
몰래 훔치다.	ăn cắp 안 깝	묘사하다.	mô tả 모 따
몸	cơ thể, thân thể 꺼 테, 턴 테	무거워.	Nặng quá. 낭 꽈
몸매	thân hình 턴 히잉	무겁다.	nặng 낭
못 참겠어.	Khó chịu quá. 코 찌우 꽈	무게가 나가다.	cân nặng 껀 낭
못(도구)	đinh 디잉	무관심하다.	bỏ qua 보 꽈
못생겼어.	Xấu lắm. 써우 람	무너지다.	sập 썹

몰래 도망 오다.	bí mật trốn về 비 멋 쫀 베
몸무게가 얼마야?	Cân nặng bao nhiêu? 껀 낭 바오 니에우

무대(연극)	sân khấu 썬 커우	무설탕	không đường 콩 드엉
무덤	mộ 모	무슨 일	việc gì 비엑 지
무력한	bất lực 벗 륵	무엇	cái gì 까이 지
무료	miễn phí 미엔 피	무역	thương mại 트엉 마이
무선의	vô tuyến 보 뚜엔	무역법	luật thương mại 루엇 트엉 마이

무단횡단하다. vi phạm luật giao thông
비 팜 루엇 자오 통

무슨 급한 일이 있어요? Chắc là chị có việc gấp?
짝 라 찌 꼬 비엑 겁

무슨 노랜지 아세요?
Chị có biết bài hát gì đây không?
찌 꼬 비엣 바이 핫 지 더이 콩

무슨 말인지 모르겠어.
Tôi không thể hiểu chị đang nói gì.
또이 콩 테 히에우 찌 당 노이 지

무슨 얘기 중이야? Đang nói chuyện gì đấy?
당 노이 쭈엔 지 더이

무슨 얘기를 하시는 거예요? Chị nói gì đấy?
찌 노이 지 더이

ㅁ

무역부	bộ thương mại 보 트엉 마이	묵다.(숙박)	ở lại 어 라이
무역하다.	buôn bán 부온 반	묶다.	cài 까이
무죄	vô tội 보 또이	문	cửa 끄어
무한한	vô hạn 보 하	문맹의	thất học 텃 혹
무협영화	phim chưởng 핌 쯔엉	문명	văn minh 반 미잉

무슨 언어로? — Bằng tiếng gì?
방 띠응 지

무슨 일로 오셨어요? — Chị tới đây có việc gì thế ạ?
찌 떠이 더이 꼬 비역 지 테 아

무슨 일이건 — bất cứ việc khác
벗 끄 비역 칵

무슨 일이야? — Chuyện gì đấy?
쭈엔 지 더이

무슨 책 출판해요? — Chị phát hành sách gì ạ?
찌 팟 하잉 싸익 지 아

무엇을 드시고 싶으세요? — Chị muốn dùng gì ạ?
찌 무온 중 지 아

문묘(유적)	Văn Miếu 반 미에우
문법	ngữ pháp 응으 팝
문서	tài liệu 따이 리에우
문을 닫다.	đóng cửa 동 끄어
문을 두드리다.	gõ cửa 고 끄어
문을 열다.	mở cửa 머 끄어
문자	chữ 쯔
문장	câu nói 꺼우 노이
문제	vấn đề 번 데
문제가 있다.	có vấn đề 꼬 번 데
문학	văn học 반 혹
문화	văn hóa 반 화
문화원	nhà văn hóa 냐 반 화
문화유산	di sản văn hóa 지 싼 반 화

문 좀 열어줘요.	Xin mở cửa hộ tôi. 씬 머 끄어 호 또이
문을 잠갔어요?	Đã khóa cửa chưa ạ? 다 콰 끄어 쯔어 아
문자 보내줘.	Gửi tin nhắn cho tôi. 그이 띤 냔 조 또이
문자를 보내다.	gửi tin nhắn 그이 띤 냔
문제가 되질 않다.	không thành vấn đề 콩 타잉 번 데

ㅁ

묻다.(땅에)	chôn 쫀	물고기	cá 까
묻다.(질문)	hỏi 호이	물고기를 잡다.	đánh cá 다잉 까
물	nước 느억	물다.(곤충)	đốt 돗
물가	giá cả 쟈 까	물들이다.	nhuộm 뉴옴

문제를 풀다. tháo gỡ vấn đề
타오 거 번 데

물 더 주세요. Xin cho thêm nước.
씬 쪼 템 느억

물가가 갑자기 올랐어.
Giá cả đã tăng lên đột biến rồi.
쟈 까 다 땅 렌 돗 비엔 조이

물가가 많이 오르다. Giá cả tăng lên nhiều.
쟈 까 땅 렌 니에우

물가도 올랐으니 수고비도 올라야죠.
Giá cả cũng tăng lên nhiều nên tiền công cũng phải tăng lên chứ.
쟈 까 꿍 땅 렌 니에우 넨 띠엔 꽁 꿍 파이 땅 렌 쯔

물가를 모르니 비싸게 사게 돼.
Vì không biết giá cả nên thường bị mua đắt.
비 콩 비엣 쟈 까 넨 트엉 비 무어 닷

물러서! Lui lại!
루이 라이

물리 vật lý
벗 리

물리다.(곤충) bị đốt
비 돗

물리학 vật lý học
벗 리 혹

물리학자 nhà vật lý
냐 벗 리

물소 con trâu
꼰 쩌우

물약 thuốc nước
투억 느억

물어볼 것이다. sẽ hỏi
쌔 호이

물질 vật chất
벗 쩟

물체 vật thể
벗 테

물품 hàng hóa
항 화

뭐 먹어요? Chị ăn gì?
찌 안 지

뭐 필요해? Cần gì?
껀 지

뭐 하려고? Để làm gì?
데 람 지

뭐야? Cái gì?
까이 지

뭐해? Em đang làm gì?
앰 당 람 지

ㅁ

물건을 모두 정리하셨어요?
Chị đã thu xếp xong cả chưa ạ?
찌 다 투 쎕 쏭 까 쯔어 아

물이 맑다. mặt nước trong xanh
맛 느억 쫑 싸잉

물이 얼다. nước đóng băng
느억 동 방

뭘 먹어?	Ăn gì? 안 지	미국인	người Mỹ 응어이 미
미국	Mỹ 미	미끄러지다.	trượt 쯔엇

뭐 더 마실래? Chị muốn uống gì nữa không ạ?
찌 무온 우엉 지 느어 콩 아

뭐 드시겠어요? Chị dùng gì ạ?
찌 중 지 아

뭐 이상한 거 못 느끼겠어?
Có cảm thấy gì lạ không?
꼬 깜 터이 지 라 콩

뭐 좀 드셨어요? Chị ăn gì chưa?
찌 안 지 쯔어

뭐 하나만 도와 줬으면 좋겠어요.
Em muốn nhờ chị 1 việc.
앰 무온 녀 찌 못 비역

뭐 하느라 신경도 안 쓴 거야?
Mải làm gì mà chẳng để ý gì hết cả?
마이 람 지 마 짱 데 이 지 헷 까

뭐가 과학적 이예요. Cái gì mà khoa học.
까이 지 마 콰 혹

뭐더라? 뭐지? Gì nữa nhỉ? gì nhỉ?
지 느어 니, 지 니

미끄럼틀 cầu trượt
꺼우 쯔엇

미남의 đẹp trai
댑 짜이

미대륙 châu Mỹ
쩌우 미

미래 tương lai
뜨엉 라이

미리 말하다. nói trước
노이 쯔억

미리 말해. Nói trước nhé.
노이 쯔억 내

미소 nụ cười
누 끄어이

미술 mỹ thuật
미 투엇

미술관 phòng tranh
퐁 짜잉

미식축구 bóng đá Mỹ
봉 다 미

뭐에 대해 말하지? Nói về cái gì?
노이 베 까이 지

뭐하고 계세요? Chị đang làm gì đấy?
찌 당 람 지 더이

뭐하느라 바빴어요? Chị bận làm gì?
찌 번 람 지

뭔가 수상해. Đáng nghi lắm.
당 응이 람

뭘 먹는 것을 제일 좋아하세요? Chị thích ăn gì nhất?
찌 틱 안 지 녓

뭘 타고 '후에' 에 갈 거예요? Chị đi Huế bằng gì?
찌 디 훼 방 지

뭘 탈건데?(교통편) Phương tiện gì?
프엉 띠엔 지

미용실	mỹ viện 미 비엔
미원(조미료)	mì chính 미 찌잉
미지근한	ấm 엄
미치겠네.	Chết mất thôi. 쩻 멋 도이
미친	điên 디엔
믹서	máy xay trái cây 마이 싸이 짜이 꺼이
민간	dân gian 전 쟌
민요	dân ca, ca dao 전 까, 까 자오
민족	dân tộc 전 똑
민주	dân chủ 전 쭈
민중	dân chúng 전 쭝
믿다.	tin 띤
믿어봐.	Hãy tin đi. 하이 띤 디
믿지 마.	Đừng tin. 등 띤
밀도(비중)	mật độ 멋 도
밀수하다.	buôn lậu 부온 러우
미스 베트남	hoa hậu Việt Nam 화 허우 비엣 남
미안할 필요는 없어요.	Không phải lỗi của chị. 콩 파이 로이 꾸어 찌
미원 넣지 마세요.	Đừng cho mì chính. chị ạ. 등 쪼 미 찌잉. 찌 아
미터 / 30 미터	mét / 30 mét 맷 / 바 무어이 맷

밉다. đáng ghét
당 갯

밑줄 긋다. gạch dưới
가익 즈어이

믿을 수 없어. Không tin được.
콩 띤 드억

ㅁ

II

한국어-베트남어 단어장

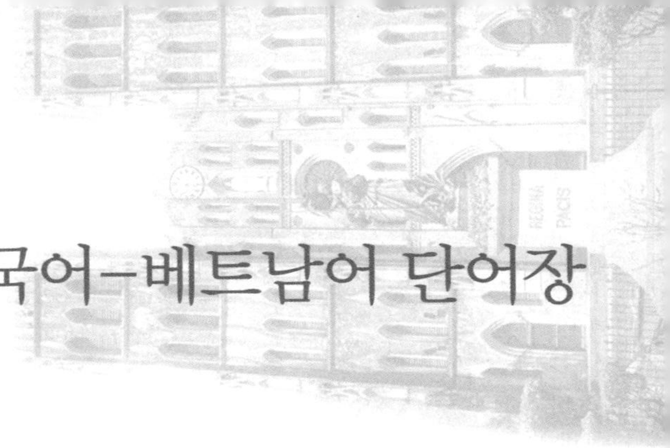

바(술집)	quán rượu 꽌 즈어우	바닷게	con cua biển 꼰 꾸어 비엔
바깥	ngoài 응와이	바디클린져	sữa tắm 쓰어 땀
바깥쪽	bên ngoài 벤 응와이	바라다.	hy vọng, ước 히 봉, 으억
바꾸다.	thay đổi 타이 도이	바라보다.	nhìn 닌
바나나	chuối 쭈오이	바람(기후)	gió 죠
바늘	kim 낌	바람개비	chong chóng 쫑 쫑
바다	biển 비엔	바람둥이	kẻ trăng hoa 깨 짱 화

바꿀 수 없다. — không thể thay đổi được
콩 테 타이 도이 드억

바뀌었으면 좋겠어. — Hy vọng sẽ đổi.
히 봉 쌔 도이

바나나 한 다발 — một nải chuối
못 나이 쭈오이

바람이 그치다. — gió ngừng thổi
죠 으응 토이

바람이 세게 불다. — gió thổi rất mạnh
죠 토이 젓 마잉

ㅂ

바람이 불다. gió thổi
쵸 토이

바로 가. Đi ngay đi.
디 응아이 디

바로 옆에 ngay cạnh
응아이 까잉

바로 위에 ngay trên
응아이 쩬

바쁘다. bận rộn
번 존

바쁘지 않다. không bận
콩 번

바쁜 bận, bận rộn
번, 번 존

바이러스 virus
비룻

바람이 시원하네. Gió mát quá.
쵸 맛 꽈

바람이 자주 불다. hay có gió
하이 꼬 쵸

바로 이해 할 수 있었어. Tôi hiểu ngay.
또이 히에우 응아이

바로 정면에 있는 ở ngay trước mặt
어 응아이 쯔억 맛

바쁘신 와중에도 배웅해 주시니, 대단히 감사합니다.
Xin rất cảm ơn chị, chị bận rất nhiều việc mà còn đến tiễn em.
씬 젓 깜 언 찌, 찌 번 젓 니에우 비역 마 꼰 덴 띠엔 앰

바쁨에도 불구하고 mặc dù bận
막 주 번

바이러스 걸린 것 같아. Chắc là đã bị nhiễm virus.
짝 라 다 비 니엠 비룻

바지	quần 꿘
바코드	mã vạch 마 바익
박람회	hội chợ 호이 쩌
박물관	bảo tàng 바오 땅
박사(학위)	tiến sĩ 띠엔 씨
박수	vỗ tay 보 따이
밖	ngoài 응와이
밖에	ở ngoài 어 응와이
반	một nửa 못 느어
반가운	vui mừng 부이 믕
반대로	trái nghĩa 짜이 응이아
반대하다.	phản đối 판 도이
반드시	nhất thiết 녓 티엣
반복하다.	nhắc lại 냑 라이

바이러스를 퍼뜨리다.	làm lây lan virus 람 러이 란 비룻
바이러스에 감염되다.	bị nhiễm virus 비 니엠 비룻
반 / 한시 반	rưỡi / 1 giờ rưỡi 즈어이 / 못 져 즈어이
반만 주세요.	Cho tôi một nửa thôi ạ. 조 또이 못 느어 토이 아
반말로 얘기하다.	nói năng thoải mái 노이 낭 토아이 마이

반영하다. phản ánh
판 아잉

반으로 나누다. chia đôi
찌아 도이

반응 phản ứng
판 응

반장(학급) lớp trưởng
럽 쯔엉

반지 chiếc nhẫn
찌엑 년

반지를 끼다. đeo nhẫn
대오 년

반품하다. trả lại hàng
짜 라이 항

반하다. bị say mê
비 싸이 메

받다. nhận
년

받아들여. Chấp nhận đi.
쩝 년 디

받아들이다. chấp nhận
쩝 년

받아쓰기 chính tả
찌잉 따

발가락 ngón chân
응온 쩐

발견하다. tìm ra, tìm thấy
띰 자, 띰 터이

반지를 끼면 손이 답답해요.
Đeo nhẫn thì rất khó chịu.
대오 년 티 젓 코 찌우

받는 사람이 없네. Bây giờ không có ai trả lời.
버이 져 콩 꼬 아이 짜 러이

받았을 걸요. Chắc là đã nhận rồi.
짝 라 다 년 조이

발견하다.(역사, 과학적으로) khám phá
캄 파

발달하다.	phát triển 팟 찌엔	발톱	móng chân 몽 쩐
발등	mu bàn chân 무 반 쩐	발행하다.	phát hành 팟 하잉
발명하다.	phát minh 팟 미잉	발효	lên men 렌 맨
발생하다.	phát sinh 팟 씨잉	발휘하다.	phát huy 팟 휘
발을 들이다.	bước vào 브억 바오	밝은	sáng 쌍
발음	phát âm 팟 엄	밝히다.(밝게)	chiếu sáng 찌에우 쌍
발자국	dấu chân, vết chân 저우 쩐, 벳 쩐	밝히다.(입장)	tỏ ra 또 자
발전하다.	phát triển 팟 찌엔	밟다.	đạp 답
발진	da nổi mụn 자 노이 문	밤(때)	ban đêm, đêm 반 뎀, 뎀

발표하다.	thông báo, phát biểu 통 바오, 팟 비에우
발효식품	thực phẩm lên men 특 펌 렌 맨
밤 새지마.	Đừng thức khuya. 등 특 퀴아

ㅂ

밤늦게	khuya 퀴아	방	phòng 퐁
밥	cơm 껌	방 번호	số phòng 쏘 퐁
밥 먹어.	Ăn cơm đi. 안 껌 디	방귀뀌다.	đánh rắm 다잉 잠
밥하다.	nấu cơm 너우 껌	방금 전	vừa qua 브어 꽈

밥 먹었어요? Đã ăn cơm chưa ạ?
다 안 껌 쯔어 아

밥 사주고 싶어. Chị muốn mời em ăn cơm.
찌 무온 머이 앰 안 껌

밥이 타다. cơm bị cháy sém
껌 비 짜이 쌤

밥이나 먹으러가자. Đi ăn cơm thôi.
디 안 껌 토이

방 번호가 어떻게 되는데? Phòng số bao nhiêu?
퐁 쏘 바오 니에우

방문하다. / 히엔동생 방문하러가.
đi thăm / Tôi đi thăm em Hiền.
디 탐 / 또이 디 탐 앰 히엔

방법 phương pháp, cách thức
프엉 팝, 까익 특

방문하다. thăm hỏi
탐 호이

방부제(의학) vô trùng
보 쭝

방송국 đài truyền hình
다이 쭈엔 히잉

방송하다. truyền hình
쭈엔 히잉

방영하다. chiếu phim
찌에우 핌

방을 빌리다. thuê phòng
투에 퐁

방콕 Băng cốc
방 꼭

방향 phương hướng
프엉 흐엉

배 나온 bụng phệ
북 페

배(과일) quả lê
꽈 레

배(교통) thuyền, tàu thuỷ
투엔, 따우 투이

배(인체) bụng
북

방안에 에어컨이 있나요?
Trong phòng có điều hòa nhiệt độ không?
쫑 퐁 꼬 디에우 화 니엣 도 콩

방이 답답하다.
phòng ngột ngạt
퐁 응옷 응앗

방이 몇 개 있나요?
Nhà có mấy phòng?
냐 꼬 머이 퐁

방이 엉망하다.
phòng bừa bộn, phòng lộn xộn
퐁 브어 본, 퐁 론 쏜

배고파 죽겠다.
Đói muốn chết.
도이 무온 쩻

배가 고파지다.	Đói rồi. 도이 조이
배가 아프다.	đau bụng 다우 북
배고파.	Đói quá. 도이 꽈
배고프다.	đói 도이
배고픔을 참다.	nhịn đói 닌 도이
배구	bóng chuyền 봉 쭈엔
배낭	ba lô 바 로
배를 젓다.	chèo 째오
배를 타다.	đi tàu 디 따우
배반자	kẻ phản bội 깨 판 보이
배부르다.	no 노
배불러.	No quá. 노 꽈
배영(수영법)	bơi ngửa 버이 응어
배우	diễn viên 지엔 비엔

배구경기 — thi đấu bóng chuyền
티 더우 봉 쭈엔

배달해 주실수 있나요?
Chị có thể giao hàng đến tận nhà được không ạ?
찌 꼬 테 쟈오 항 덴 떤 냐 드억 콩 아

배불러서 더 못 먹겠어요. — Không ăn đâu, no rồi.
콩 안 더우 노 조이

배웅 나오지 마세요. 돌아가세요.
Không phải ra tiễn đâu, về đi nhé!
콩 파이 자 띠엔 더우, 베 디 내

배웅하다. tiễn đưa
띠엔 드어

배추 cải bao, cải thảo
까이 바오, 까이 타오

배터리 ắc qui
악 꾸이

백(100) một trăm
못 짬

백금 bạch kim
바익 낌

백년 trăm năm
짬 남

백만 một triệu
못 찌에우

백만(숫자) triệu
찌에우

백만장자 triệu phú
찌에우 푸

백합 hoa huệ
화 훼

백혈구 bạch huyết cầu
바익 휘엣 꺼우

백화점 cửa hàng bách hóa
끄어 항 바익 화

뱀 con rắn
꼰 잔

뱀띠 tuổi rắn
뚜어이 잔

버려. Bỏ đi. Vứt đi.
보 디. 븟 디

버리다. vứt, bỏ
븟, 보

버섯 nấm
넘

버섯을 따다. hái nấm
하이 넘

버스 xe buýt
쌔 뷧

버스 39번 xe buýt số 39
쌔 뷧 쏘 바 무어이 찐

배은망덕한 일이야. Tệ bạc quá.
떼 박 꽈

백번은 얘기했겠다. Tôi đã nói cả trăm lần rồi mà.
또이 다 노이 까 짬 런 조이 마

ㅂ

버스를 타다.	lên xe buýt 렌 쌔 뷧	번역하다.	dịch 직
버스정류장	bến xe 벤 쌔	벌 받다.	phạt 팟
번 / 한번	lần / một lần 런 / 못 런	범위	phạm vi 팜 비
번개	chớp 쩝	범죄	tội phạm 또이 핌
번식하다.	sinh sôi 씨잉 쏘이	법(방법)	cách 까익

버스는 거의 타질 않아요.
Tôi tuyệt đối không đi xe buýt.
또이 뚜엣 도이 콩 디 쌔 뷧

버스를 타고 갈 수 있나요?
Có thể đi bằng xe buýt không?
꼬 테 디 방 쌔 뷧 콩

번 / 세 번 해야 해. lần / Phải làm ba lần.
런 / 파이 람 바 런

번 / 세번째 lần / lần thứ ba
런 / 런 트 바

벌 / 옷 한벌 bộ / 1 bộ quần áo
보 / 못 보 퀀 아오

벌써 3월 말이다. Bây giờ đã là cuối tháng ba rồi.
버이 져 다 라 꾸오이 탕 바 조이

벗겨지다.(머리) hói
호이

벗기다.(사과등) gọt
곳

베다. cắt
깟

베란다 ban công
반 꽁

법률 luật pháp, luật lệ
루엇 팝, 루엇 레

법적공휴일 ngày nghỉ chính thức
응아이 응이 찌잉 특

베트남 가수 중에 누굴 제일 좋아해요?
Chị thích ca sĩ Việt Nam nào nhất ạ?
찌 틱 까 씨 비엣 남 나오 녓 아

베트남 사람은 은행을 싫어해.
Người Việt Nam không thích ngân hàng.
응어이 비엣 남 콩 틱 응언 항

베트남 요리가 아주 맛있다고 들었어.
Nghe nói các món ăn Việt Nam ngon lắm.
응애 노이 깍 몬 안 비엣 남 응온 람

베트남 우기는 7월 8월이다.
Mùa mưa ở Việt Nam là tháng 7, tháng 8.
무어 므어 어 비엣 남 라 탕 바이, 탕 땀

베트남 이름은 히엔이야.
Tên Việt Nam của tôi là Hiền.
뗀 비엣 남 꾸어 또이 라 히엔

베트남 친구가 없어. Tôi đâu có bạn Việt Nam nào.
또이 더우 꼬 반 비엣 남 나오

ㅂ

베트남 Việt Nam 비엣 남	**베트남어** tiếng Việt 띠응 비엣
베트남 화폐 tiền Việt Nam 띠엔 비엣 남	**베트남사람** người Việt Nam 응어이 비엣 남
베트남교포 Việt kiều 비엣 끼에우	**베한사전** từ điển Việt-Hàn 뜨 디엔 비엣 한

베트남 친구한테 부탁해야겠어.
Phải nhờ một người bạn Việt Nam.
파이 녀 못 응어이 반 비엣 남

베트남 가수는 잘 몰라.
Tôi không biết nhiều về ca sĩ Việt Nam.
또이 콩 비엣 니에우 베 까 씨 비엣 남

베트남국민 모두 cả nước Việt Nam
까 느억 비엣 남

베트남도 살기 좋아요.
Ở Việt Nam cũng tương đối thoải mái.
어 비엣 남 꿍 뜨엉 도이 토아이 마이

베트남 사람은 늦잠 자는 때가 거의 없어.
Người Việt Nam ít khi ngủ dậy muộn.
응어이 비엣 남 잇 키 응우 저이 무온

베트남어 공부 그만 할래. Tôi thôi học tiếng Việt.
또이 토이 혹 띠응 비엣

베트남어 공부하느라 바빠. Tôi bận học tiếng Việt.
또이 번 혹 띠응 비엣

베트남어 공부할 시간을 내고 있어.
Tôi dành thời gian ra để học tiếng Việt.
또이 자잉 터이 쟌 자 데 혹 띠응 비엣

베트남어 더 공부하지 않을 거야.
Tôi sẽ không học tiếng Việt nữa.
또이 쌔 콩 혹 띠응 비엣 느어

베트남어 발음이 어려워요. Phát âm tiếng Việt khó.
팟 엄 띠응 비엣 코

베트남어 자막 있는 시디
đĩa phim phụ đề tiếng Việt
디아 핌 푸 데 띠응 비엣

베트남어 잘 못합니다. Tôi không biết tiếng Việt.
또이 콩 비엣 띠응 비엣

베트남어 좀 가르쳐 주세요.
Chị dạy tiếng Việt cho em đi.
찌 자이 띠응 비엣 조 앰 디

베트남어로 번역하는 능력이 아직 부족합니다.
Tôi không đủ khả năng để dịch xuôi.
또이 콩 두 카 낭 데 직 쑤오이

베트남어로 설명 못하겠어요.
Tôi không biết giải thích bằng tiếng Việt.
또이 콩 비엣 쟈이 틱 방 띠응 비엣

베트남어로 이야기하다. nói chuyện bằng tiếng Việt
노이 쭈엔 방 띠응 비엣

베트남어로 key가 뭐예요? Key tiếng việt là gì?
키 띠응 비엣 라 지

ㅂ

베트남어를 공부하러 왔어.
Tôi đến đây để thực tập tiếng Việt.
또이 덴 더이 데 특 떱 띠응 비엣

베트남어를 능숙하게 하다. nói tiếng Việt rất thạo
노이 띠응 비엣 젓 타오

베트남어를 모르다. không biết tiếng Việt
콩 비엣 띠응 비엣

베트남어를 잘 하시네요. Chị nói tiếng Việt tốt lắm.
찌 노이 띠응 비엣 뚯 람

베트남에 더 머물고 싶어.
Tôi muốn ở Việt Nam lâu hơn.
또이 무온 어 비엣 남 러우 헌

베트남에 온지 얼마 안돼요. Tôi mới đến Việt Nam.
또이 머이 덴 비엣 남

베트남에 온지 얼마나 되었어요?
Chị đến Việt Nam đã lâu chưa?
찌 덴 비엣 남 다 러우 쯔어

베트남에 왔을 때 khi tôi đến Việt Nam
키 또이 덴 비엣 남

베트남에서 어디가 제일 아름다워요?
Ở Việt Nam, ở đâu đẹp nhất?
어 비엣 남, 어 더우 댑 녓

베트남에서는 ở Việt Nam
어 비엣 남

벨소리 tiếng chuông
띠응 쭈옹

벨트 dây thắt lưng
저이 탓 릉

벽 bức tường
븍 뜨엉

벽(집) tường
뜨엉

벽돌 gạch
갸익

벽에 걸다. treo trên tường
째오 쩬 뜨엉

베트남에선 이것을 뭐라고 부르는지 몰라요.
Ở Việt Nam, tôi không biết cái này gọi là gì.
어 비엣 남, 또이 콩 비엣 까이 나이 고이 라 지

베트남은 매우 달라요.
Tôi thấy Việt Nam còn rất khác.
또이 터이 비엣 남 꼰 젓 칵

베트남음식 많이 먹었어.
Tôi đã ăn nhiều món ăn Việt Nam rồi.
또이 다 안 니에우 몬 안 비엣 남 조이

베트남이 살기 좋습니까?
Chị ở Việt Nam thoải mái chứ?
찌 어 비엣 남 토아이 마이 쯔

베트남전쟁이 언제 끝났는지 아세요?
Chị có biết chiến tranh Việt Nam kết thúc bao giờ không?
찌 꼬 비엣 찌엔 짜잉 비엣 남 껫 툭 바오 져 콩

벽시계 đồng hồ treo tường
동 호 째오 뜨엉

ㅂ

변색하다.	biến sắc 비엔 싹	병맥주	bia chai 비아 짜이
변호사	luật sư 루엇 쓰	병에 걸리다.	mắc bệnh 막 버익
별장	biệt thự 비엣 트	병원	bệnh viện 버익 비엔
병(질병)	bệnh 비익	보건소	sở y tế, trạm xá 써 이 떼, 짬 싸
병마개(코르크)	nút chai 눗 짜이	보고하다.	báo cáo 바오 까오

변화하다.	thay đổi, biến hóa 타이 도이, 비엔 화
별말씀을요.	Khách sáo quá. 카익 싸오 꽈
병 / 맥주 3병	chai / 3 chai bia 짜이 / 바 짜이 비아
병주고 약주고	vừa đấm vừa xoa 브어 덤 브어 쏘아
병원에 가야 해.	Phải đến bệnh viện. 파이 덴 버익 비엔
병이 차도가 있다.	bệnh đã đỡ 버익 다 더
병의 원인	nguyên nhân của bệnh 응우엔 년 꾸어 버익

보내다. gửi
그이

보너스 tiền thưởng
띠엔 트엉

보다(비교) hơn nữa
헌 느어

보다. xem, nhìn, nhìn thấy
쌤, 닌, 닌 터이

보라색 màu tím
머우 띰

보름달 trăng rằm
짱 잠

보고서 번역을 도와달라고 하려고요.
Em định nhờ chị dịch giúp bản báo cáo.
앰 딕 녀 찌 직 즙 반 바오 까오

보고서를 작성하고 있어요. Đang viết báo cáo.
당 비엣 바오 까오

보고서를 작성했어요? Đã viết báo cáo chưa ạ?
다 비엣 바오 까오 쯔어 아

보관하다. / 잘 보관하다. giữ lấy / giữ cẩn thận
즈 러이 / 즈 껀 턴

보관했다가 다음에 써요.
Chị cứ giữ lấy để lần sau lại dùng.
찌 끄 즈 러이 데 런 싸우 라이 중

보너스를 주다. trao tiền thưởng
짜오 띠엔 트엉

보름동안 계속 비가 오지 않았어.
Đã nửa tháng liền không mưa rồi.
다 느어 탕 리엔 콩 므어 조이

보리 lúa mạch
루어 막

보리차 trà lúa mạch
짜 루어 막

보살피다. chăm sóc
짬 쏙

보상하다. đền bù, thưởng
덴 부, 트엉

보어 bổ ngữ
보 응으

보여줘. Cho tôi xem.
조 또이 쌤

보장하다. bảo đảm
바오 담

보조개 lúm đồng tiền
룸 동 띠엔

보조하다. hỗ trợ
호 쩌

보존하다. bảo tồn
바오 똔

보증금 tiền đặt cọc
띠엔 닷 꼭

보지 않다. không thấy
콩 터이

보충하다. bổ sung
보 쑹

보통 말하다. thường nói
트엉 노이

보리밭 cánh đồng lúa mạch
까잉 동 루어 막

보증기간 thời gian bảo hành
띠엔 잔 바오 하잉

보통 9시 부터 6시 까지
bình thường từ 9 giờ đến 6 giờ.
비잉 트엉 뜨 찐 져 덴 싸우 져

보통 것은 꽉 낀다고.
Cái bình thường chắc chắn sẽ chật.
까이 비잉 트엉 짝 짠 쌔 쩟

보통이 아닌	bất thường 벗 트엉	복수(단위)	số nhiều 쏘 니에우
보편적이다.	phổ biến 포 비엔	복숭아(과일)	quả đào 꽈 다오
보행자	người đi bộ 응어이 디 보	복습하다.	ôn tập 온 떱
보험	bảo hiểm 바오 히엠	복싱	môn quyền Anh 몬 꾸엔 아잉
보호하다.	bảo vệ 바오 베	복잡한	rắc rối 작 조이
복권	xổ số 쏘 쏘	복잡한 일	việc rắc rối 비역 작 조이
복사	photocopy 포또까피	복잡한(교통)	phức tạp 픅 땁

보통 키 — chiều cao bình thường
찌에우 까오 비잉 트엉

보통의(불만족의 어감) — bình thường
비잉 트엉

복사할 줄 알아요?
Chị biết cách photocopy không?
찌 비엣 까익 포또까피 콩

복잡하게 얽힌 — rắc rối, phức tạp, thắc mắc
작 조이, 픅 땁, 탁 막

ㅂ

복잡해.	Rắc rối lắm. 작 조이 람	봄	mùa xuân 무어 쑤언
복잡해지다.	trở nên rắc rối 쩌 넨 작 조이	봉급	lĩnh lương 리잉 르엉
복지	lợi ích 러이 익	봉투	phong bì 퐁 비
복통	đau dạ dày 디우 자 자이	봉하다.	đóng 동
본사	tổng công ty 똥 꽁 띠	봉하다.(편지)	dán 잔
본질	bản chất 반 쩟	봐주다.	tha 타
볼륨을 줄이다.	vặn nhỏ 반 뇨	봤어요?	Chị thấy không? 찌 터이 콩
볼펜	bút bi 붓 비	부 / 3부	bản / 3 bản 반 / 바 반

본적은 없어. Tôi chưa bao giờ đến xem.
또이 쯔어 바오 져 덴 쌤

봉지 / 사탕 한봉지 túi / 1 túi kẹo
뚜이 / 못 뚜이 깨오

봐주세요.(넘어가 주세요.) Chị bỏ quá cho.
찌 보 꽈 쪼

부 / 정치부 bộ / bộ chính trị
보 / 보 찌잉 찌

부(재산)	của cải 꾸어 까이	부드럽다.	mềm 멤
부가세	thuế gia tăng 투에 쟈 땅	부르다.	gọi 고이
부계	phụ hệ 푸 헤	부모	bố mẹ 보 매
부끄러운	xấu hổ 써우 호	부문	bộ môn 보 몬
부동산	bất động sản 벗 동 싼	부부	vợ chồng 버 쫑
부두	bến cảng 벤 깡	부분	bộ phận 보 펀
부드러운	mềm mại 멤 마이	부사	phó từ 포 뜨

부담스럽게 하고 싶지 않아.
Chị không muốn làm em khó chịu hơn.
찌 콩 무온 람 앰 코 찌우 헌

부드러운 피부
da mịn màng
자 민 망

부르다. / 그녀를 불러 올게요.
gọi / Để tôi đi gọi chị ấy.
고이 / 데 또이 디 고이 찌 어이

부모님과 살고 있어.
Tôi sống với bố mẹ.
또이 쏭 버이 보 매

ㅂ

부상당한	bị thương 비 트엉	부재중이다.	đi vắng 디 방
부어 오른	sưng 씅	부족하다.	thiếu 티에우
부엉이(새)	chim cú 찜 꾸	부주의한	không chú ý 콩 쭈 의
부엌	nhà bếp 냐 벱	부처	bụt, phật 붓, 펏
부유한	giàu 자우	부추기다.	kích động 끽 동
부인하다.	phủ nhận 푸 년	부탁하려하다.	định nhờ 딕 녀
부작용	phản ứng phụ 판 응 푸	부합하다.	phù hợp 푸 헙

부인과 아이는 건강하시죠?

Chị nhà và cháu khỏe chứ?

찌 냐 바 짜우 쾌 쯔

부자 / 그녀 집은 부자예요.

giàu / Nhà chị ấy giàu lắm.

자우 / 냐 찌 어이 자우 람

부탁드릴 일이 있습니다.

Tôi muốn nhờ chị một việc.

또이 무온 녀 찌 못 비역

북경(도시)	bắc kinh 박 끼잉	분석하다.	phân tích 펀 띡
북부지역	miền bắc 미엔 박	분침	kim phút 낌 풋
북아메리카	bắc mỹ 박 미	분홍색	màu hồng 머우 홍
북위선	vĩ tuyến Bắc 비 뚜엔 박	불	lửa 르어
북쪽	phía bắc 피아 박	불공평한	bất công 벗 꽁
북한	Bắc Triều Tiên 박 찌에우 띠엔	불구가 된	tàn tật 딴 떳
분(시간)	phút 풋	불다.(바람)	thổi 토이
분개하다.	giận dữ 젼 즈	불만족한	bất bình 벗 비잉
분별 있는	biết điều 비엣 디에우	불면증	bệnh mất ngủ 버익 멋 응우

분필로 쓰다. — viết bằng phấn
비엣 방 펀

분홍색이 더 좋아. — Tôi thích cái màu hồng hơn.
또이 틱 까이 머우 홍 헌

불면증에 걸리다. — bị bệnh mất ngủ
비 버익 멋 응우

ㅂ

불빛 ánh lửa
아잉 르어

불안정한 trục trặc
쭉 짝

불안한 bất ổn
벗 온

불운한 xui xẻo
쑤이 쌔오

불을 붙이다. châm lửa
쩜 르어

불쾌한 khó chịu
코 찌우

불편하다. bất tiện
벗 띠엔

불평하다. phàn nàn
판 난

불필요한 không cần
콩 껀

불합격했어요. Tôi trượt rồi.
또이 쯔엇 조이

불행하게 không may
콩 마이

불행하다. bất hạnh
벗 하잉

불효의 bất hiếu
벗 히에우

붓 bút lông
붓 롱

붓다.(액체) đổ vào
도 바오

붕대 băng y tế, dải băng
방 이 떼, 자이 방

붙이다. dán
잔

브라질 Brazil
브라신

브래지어 áo lót
아오 롯

브랜드 hãng
항

불이 깜박깜박하다. đèn lập lòe
댄 럽 로애

붕대를 감아야하다. phải băng bó
파이 방 보

브로콜리 hoa lơ
화 러

비가 그치다. tạnh mưa
땅 므어

비가 오다. mưa
므어

비가 퍼붓다. đổ mưa
도 므어

비결 bí quyết
비 꾸엣

비결이 뭐야? Bí quyết gì?
비 꾸엣 지

비관하다. bi quan
비 꽌

비교적 tương đối
뜨엉 도이

비교적 쉽다. tương đối dễ
뜨엉 도이 제

비교하다. so sánh
쏘 싸잉

비기다. hòa
화

비누 xà phòng
싸 퐁

비 그쳤어? Tạnh mưa chưa?
땅 므어 쯔어

비가 갑자기 내리다. đột nhiên mưa
돗 니엔 므어

비가 갑자기 퍼붓다 bỗng nhiên đổ mưa
봉 니엔 도 므어

비공식적인 không chính thức
콩 찌잉 특

비공식휴일이라서 회사마다 달라.
Ngày nghỉ không chính thức, nên mỗi công ty một khác.
응아이 응이 콩 찌잉 특, 넨 모이 꽁 띠 못 칵

ㅂ

비듬 gàu
가우

비디오 đầu video
더우 비대오

비린내가 나다. tanh
따잉

비밀을 지키다. bảo mật
바오 멋

비밀이야. Bí mật mà.
비 멋 마

비범한 khác thường
칵 트엉

비빔밥 cơm trộn thập cẩm
껌 쫀 텁 껌

비서 thư ký
트 끼

비스킷 bánh quy
바잉 뀌

비슷하다. giống
좀

비싸게 팔다. bán đắt
반 닷

비오는 날씨 trời mưa
쩌이 므어

비올거야. Sẽ mưa đấy.
쌔 므어 더이

비 와. Mưa rồi.
므어 조이

비용 chi phí
찌 피

비우다.(자리) đi vắng
디 방

비밀 / 이거 비밀이야. bí mật / Đây là điều bí mật.
비 멋 / 더이 라 디에우 비 멋

비밀스럽게 một cách bí mật
못 까익 비 멋

비서를 뽑다. tuyển chọn thư ký
뚜엔 쫀 트 끼

비싸요, 좀 깎아주세요. Đắt quá! Giảm giá đi.
닷 꽈, 잠 자 디

비율	tỷ lệ 띠 레	빈 공간	chỗ trống 쪼 쫑
비자	visa 비싸	빈곤한	nghèo nàn 응애오 난
비탈길	đường dốc 드엉 족	빈혈(의학)	thiếu máu 티에우 마우
비평하다.	phê bình 페 비잉	빌다	xin 씬
비프스테이크	bít tết 빗 뗏	빌딩	toà nhà 또아 냐
비행기	máy bay 마이 바이	빌려주다.	cho mượn 조 므언
비행기 편	chuyến bay 쭈엔 바이	빌리다.	mượn 므언
비행기 멀미	say máy bay 싸이 마이 바이	빗	cái lược 까이 르억

비자를 연장하다.
gia hạn visa
쟈 한 비싸

비즈니스 관계를 맺다.
thiết lập quan hệ thương mại
티엣 럽 꽌 헤 트엉 마이

비행기 표는 샀어요?
Chị mua được vé máy bay chưa?
찌 무어 드억 배 마이 바이 쯔어

ㅂ

빗자루 chổi
쪼이

빙하가 녹다. băng tan
방 딴

빛 ánh sáng
아잉 쌍

빛나는 눈 mắt long lanh
밋 롱 라잉

빛이 충만한 sáng sủa
쌍 쑤어

빠르게 nhanh
냐잉

빠른 속도로 siêu tốc
씨에우 똑

빠지다.(열정) đam mê
담 메

빨간색 màu đỏ
머우 도

빨래를 널다. phơi quần áo
퍼이 꿘 아오

빨랫줄 dây phơi
저이 퍼이

빨리 Nhanh lên.
냐잉 렌

빵 bánh mì
바잉 미

빼내다. kéo ra
깨오 자

빌려주신다면 정말 좋겠어요.
Chị cho mượn thì hay quá.
찌 조 므언 티 하이 꽈

빠른 / 두 시간 빠른
nhanh hơn / nhanh hơn 2 tiếng
냐잉 헌 / 냐잉 헌 하이 띠응

빠를수록 좋다. càng sớm càng tốt
깡 썸 깡 뚓

빨간 펜으로 밑줄 긋다. gạch chân bằng bút đỏ
가익 쩐 방 붓 도

빼앗다. cướp
끄업

빼앗아 차지하다. giành giật
쟈잉 졋

뺨 má
마

뽑다. rút ra
줏 자

뾰족한 nhọn
뇬

삐다. bong gân
봉 건

삐졌어. Dỗi rồi.
조이 조이

빨래가 안 말라요. Quần áo chưa khô.
꿘 아오 쯔어 코

빨래를 해서 널다. Giặt quần áo rồi phơi.
쟛 꿘 아오 조이 퍼이

빨리 회복하기를 바랍니다.
Chúc sớm bình phục sức khỏe.
쭉 썸 비잉 푹 쓱 쾌

빨리와. Đến nhanh lên nhé.
덴 냐잉 렌 냬

빵 잘라주세요. Xin cắt bánh mì cho tôi.
씬 깟 바잉 미 조 또이

ㅂ

ㅅ

한국어-베트남어 단어장

사등(등수)	đứng thứ tư 등 트 뜨	사귀다.	làm quen 람 꾸앤
사(숫자)	bốn 본	사나운	dữ, ác 즈, 악
사거리	ngã tư 응아 뜨	사는 방식	lối sống 로이 쏭
사건	sự kiện 쓰 끼엔	사다.	mua 무어
사격하다.	bắn 반	사대양	bốn biển 본 비엔
사고	tai nạn 따이 난	사라지다.	biến mất 비엔 멋
사공	lái đò 라이 도	사람	người 응어이
사과(과일)	quả táo 꽈 따오	사람들	những người 능 응어이

4년 후에 다시 개최돼. 4 năm sau lại tổ chức.
본 남 싸우 라이 또 쭉

사다. / 내가 이 식사 살께. Tôi đãi bạn món này.
또이 다이 반 몬 나이

사람들이 그러는데 이 영화 재미있데.
Phim này ai cũng bảo là hay lắm.
핌 나이 아이 꿍 바오 라 하이 람

ㅅ

사람이 만든	nhân tạo 년 따오	사망	cái chết 까이 쩻
사랑	tình yêu 띠잉 이에우	사망하다.	qua đời 꽈 더이
사랑에 빠지다.	tương tư 뜨엉 뜨	사무실	văn phòng 반 퐁
사랑하다.	yêu 이에우	사물	sự vật 쓰 벗

사람들이 말하기를	người ta nói 응어이 따 노이
사람들이 바글바글하네.	Đông như kiến! 동 느 끼엔
사람마다 다르다.	mỗi người một khác 모이 응어이 못 칵
사람마다 좋아하는 것은 다르다.	mỗi người một thích 모이 응어이 못 틱
사랑스러운(아기나 애인)	dễ thương 제 트엉
사랑스러운(어른에게)	đẹp lão 댑 라오
사랑해요.	Anh yêu em. / Em yêu anh. 아잉 이에우 앰 / 앰 이에우 아잉

사방 bốn phương
본 프엉

사별하다. tử biệt
뜨 비엣

사실 sự thật
쓰 텃

사실을 말하다. nói sự thật
노이 쓰 텃

사실적인 sinh động
씨잉 동

사십 bốn mươi
본 므어이

사업하다. kinh doanh
끼잉 좌잉

사와. Hãy mua về.
하이 무어 베

사용법 cách dùng
까익 중

사용자 người dùng
응어이 중

사용하다. dùng, sử dụng
중, 쓰 중

사용하지 않다. không dùng
콩 중

사무실에서 그 문제에 대해 논의 하죠.
Chúng ta sẽ bàn việc đó trong văn phòng.
쭝 따 쌔 반 비역 도 쫑 반 퐁

사생활을 존중하다. tôn trọng đời tư
똔 쫑 더이 뜨

사생활을 캐묻다. dò hỏi về đời tư
조 호이 베 더이 뜨

사업이 번창하다. làm ăn phát đạt
람 안 팟 닷

사용안내 hướng dẫn sử dụng
흐엉 전 쓰 중

ㅅ

사원(사람)	nhân viên 년 비엔	사이에	giữa 즈어
사원(절)	ngôi chùa 응오이 쭈어	사자(동물)	con sư tử 꼰 쓰 뜨
사월	tháng tư 탕 뜨	사장	giám đốc 잠 독
사위	con rể 꼰 제	사전	từ điển 뜨 디엔
사육하다.	chăn nuôi 짠 누오이	사직하다.	từ chức 뜨 쯕
사이공(호치민시)	Sài Gòn 싸이 곤	사진 한장	1 tấm ảnh 못 떰 아잉

사이클 선수 vận động viên đua xe đạp
번 동 비엔 두어 쌔 답

사장님 스트레스 받겠다.
Giám đốc sẽ căng thẳng đấy.
잠 독 쌔 깡 탕 더이

사장님께 허락받다. Tôi xin phép giám đốc.
또이 씬 팹 잠 독

사진 3X4사이즈 한 장 1 tấm ảnh khổ 3X4
못 떰 아잉 코 바 본

사진 한 장씩 인쇄해 주세요. Mỗi phim rửa 1 ảnh.
모이 핌 즈어 못 아잉

사진을 찍다.	chụp ảnh 쭙 아잉	사학	sử học 쓰 혹
사찰	chùa 쭈어	사학자	nhà sử học 냐 쓰 혹
사탕	kẹo 깨오	사회	xã hội 싸 호이
사탕수수	mía 미아	삭제하다.	xóa 쏘아
사탕수수주스	mía đá 미아 다	산	núi 누이
사투리	tiếng địa phương 띠응 디아 프엉	산 정상	đỉnh núi 디잉 누이

사진기를 준비할게요. Tôi sẽ chuẩn bị máy ảnh.
또이 쌔 쭈언 비 마이 아잉

사진을 찍어서 기념으로 남기자.
Chụp một tấm ảnh để làm kỷ niệm nhé!
쭙 못 떰 아잉 데 람 끼 니염 냬

사진촬영금지 cấm chụp hình
껌 쭙 히잉

사탕 드세요. Mời chị ăn kẹo.
머이 찌 안 깨오

사회경험이 없을 거예요.
Chắc là không có kinh nghiệm thực tế.
짝 라 콩 꼬 끼잉 응이엠 특 떼

ㅅ

산림	rừng 증
산맥	dãy núi 자이 누이
산모	sản phụ 싼 푸
산부인과	khoa sản 쾨 싼
산업	công nghiệp 꽁 응이엡
산책하다.	đi dạo 디 자오
산출량	sản lượng 싼 르엉
산파	bà đỡ 바 더
살 / 30살	tuổi / 30 tuổi 뚜어이 / 바 무어이 뚜어이
살구	quả mơ 꽈 머
살다.	sống 쏭
살인	giết người, án mạng 셋 응어이, 안 망
살찌다.	tăng cân 땅 껀
삶	cuộc sống 꾸옥 쏭
삶은 계란	trứng luộc 쯩 루옥
삶의 태도	lối sống 로이 쏭

살 / 두 살 난 아들 — tuổi / con trai 2 tuổi
뚜어이 / 꼰 짜이 하이 뚜어이

살이 많이 찐 것 같아.(혼잣말)
Tôi thấy mình mập quá!
또이 터이 미잉 멉 꽈

삶은 고구마 — khoai lang luộc
콰이 랑 루옥

삼(숫자)	ba	바
삼거리	ngã ba	응아 바
삼십	ba mươi	바 므어이
삼월	tháng ba	탕 바
삼일	ba ngày	바 응아이
삼촌	chú	쭈
상(우승)	giải thưởng	쟈이 트엉
상관없이	bất chấp	벗 쩝
상담	tư vấn	뜨 번
상담하다.(업무)	trao đổi	짜오 도이
상당히	khá	카
상대선수	đấu thủ	더우 투
상대적인	tương đối	뜨엉 도이
상사병	bệnh tương tư	버익 뜨엉 뜨
상상하다.	tưởng tượng	뜨엉 뜨엉
상세히	chi tiết	찌 띠엣
상업채권	thương phiếu	트엉 피에우
상용하다.	thường dùng	트엉 중
상당하는(금액)	tương đương	뜨엉 드엉
상반신을 찍다.	chụp ảnh nửa người	쭙 아잉 느어 응어이
상영하다.(영화, 드라마)	chiếu phim	찌에우 핌

ㅅ

상을 타다. đoạt giải
돳 쟈이

상응하다. tương ứng
뜨엉 응

상의(옷) áo
아오

상징하다. biểu tượng
비에우 뜨잉

상처 vết thương
벳 트엉

상태 tình trạng, trạng thái
띠잉 짱, 짱 타이

상품 hàng hóa
항 화

상품을 진열하다. xếp hàng
쎕 항

상품을 팔다. bán hàng
반 항

상품의(고급) hảo hạng
하오 항

상자/ 맥주 1 상자 hộp / 1 hộp bia
홉 / 못 홉 비아

상자처럼 생겼어. Nó giống hình cái hộp.
노 죵 히잉 까이 홉

상점은 아침 8시에 문을 연다.
Cửa hàng mở cửa từ 8 giờ sáng.
끄어 항 머 끄어 뜨 땀 져 쌍

상점은 저녁 9시에 문을 닫는다.
Cửa hàng đóng cửa lúc 9 giờ tối.
끄어 항 동 끄어 룩 찐 져 또이

상처를 받다.(마음) bị tổn thương
비 똔 트엉

상품목록을 덧붙이다. kèm theo danh mục hàng hóa
깸 태오 자잉 묵 항 화

상형문자	chữ tượng hình 쯔 뜨엉 히잉	새우	con tôm 꼰 똠
상호간에	lẫn nhau 런 냐우	새콤달콤한	chua ngọt 쭈어 응옷
상황	tình hình, tình huống 띠잉 히잉, 띠잉 후옹	새해	năm mới 남 머이
새 단어	từ mới 뜨 머이	색깔	màu sắc 머우 싹
새(동물)	chim 찜	색소폰	kèn xắc xô 깬 싹 쏘
새 것의	mới 머이	색종이	giấy màu 져이 머우
새끼를 낳다.	gây giống 거이 죵	샐러드	sa-lad 싸 랏
새롭다.	mới lạ 머이 라	샘플(상품)	hàng mẫu 항 머우
새벽	bình minh, sáng sớm 비잉 미잉, 쌍 썸	생각	ý tưởng 이 뜨엉

새 집으로 이사하다. dọn về một căn nhà mới
존 베 못 깐 냐 머이

새해 복 많이 받으세요. Chúc mừng năm mới.
쭉 믕 남 머이

색은 예쁜데 좀 크네. Màu sắc đẹp nhưng hơi rộng.
머우 싹 댑 능 허이 종

생각나다.	nhớ ra 녀 자	생계비를 벌다.	kiếm sống 끼엠 쏭
생각지도 않게	bất ngờ 벗 응어	생과일주스	sinh tố 씨잉 또
생각하다.	nghĩ 응이	생리(여성)	kinh nguyệt 끼잉 응우엣
생강	củ gừng 꾸 긍	생리용품	băng vệ sinh 방 베 씨잉

샘플을 보여주세요. Cho tôi xem một số hàng mẫu.
조 또이 쌤 못 쏘 항 머우

생각보다 무겁네요. Chị nặng hơn em tưởng.
찌 낭 헌 앰 뜨엉

생각보다 비싸다고요? Đắt hơn chị nghĩ à?
닷 헌 찌 응이 아

생각이 있어요? 없어요?
Có biết suy nghĩ hay không đấy?
꼬 비엣 쑤이 응이 하이 콩 더이

생각할 시간이 필요해.
Tôi cần có thời gian suy nghĩ.
또이 껀 꼬 터이 쟌 쑤이 응이

생각해 볼게요. Tôi sẽ suy nghĩ.
또이 쌔 쑤이 응이

생계를 위해 일하다. làm để sống
람 데 쏭

ㅅ

생맥주 bia tươi, bia hơi
비아 뜨어이, 비아 허이

생명을 구하다. cứu sống
끄우 쏭

생물 sinh vật
씨잉 벗

생방송 trực tiếp
쯕 띠엡

생방송하다. phát trực tiếp
팟 쯕 띠엡

생산물 sản phẩm
싼 펌

생산성 năng suất
낭 쑤엇

생산하다. sản xuất
싼 쑤엇

생수 nước khoáng
느억 쾅

생일 sinh nhật
씨잉 녓

생태계 hệ sinh thái
헤 씨잉 타이

생활 cuộc sống
꾸옥 쏭

생활(방식) ăn ở
안 어

샤워기 vòi hoa sen
보이 화 쌘

샴푸 dầu gội đầu
저우 고이 더우

서기장 tổng bí thư
똥 비 트

생일 케이크 bánh sinh nhật
바잉 씨잉 녓

생일카드를 그녀에게 드리려고요.
Em sẽ gửi thiếp mừng sinh nhật chị ấy.
앰 쌔 그이 티엡 믕 씨잉 녓 찌 어이

생활이 점점 우울해져요. Cuộc sống trở nên buồn tẻ.
꾸옥 쏭 쩌 넨 부온 때

서늘한 se lạnh
쌔 라잇

서두르다. vội
보이

서력(서기) công nguyên
꽁 응우옌

서로 lẫn nhau
런 냐우

서로 같은 giống nhau
죵 냐우

서로 다른 khác nhau
칵 냐우

서로 밀착된 gắn liền
갼 리엔

서로 부딪히다. đâm nhau
덤 냐우

서로 섞다. trộn với nhau
쫀 버이 냐우

서로 싸우다. đánh nhau
다잉 냐우

서류 giấy tờ
져이 떠

서명 ký tên
끼 뗀

서민의 bình dân
비잉 전

서비스(전자제품 등)dịch vụ
직 부

서비스요금 tiền phục vụ
띠엔 푹 부

서비스하다.(전산) phục vụ
푹 부

서빙하다. phục vụ
푹 부

서술하다. diễn tả
지엔 따

서로 서로 với nhau, bên nhau
버이 냐우, 벤 냐우

서로 아세요? Biết nhau rồi à?
비엣 냐우 조이 아

서비스가 엉망이다. dịch vụ lộn xộn
직 부 론 쏜

서양의	tây 떠이	선두에 선	đứng đầu 등 더우
서점	hiệu sách 히에우 싸익	선물	món quà 몬 꽈
서커스	xiếc 씨엑	선물하다.	tặng quà 땅 꽈
서행	chạy chậm 짜이 쩜	선반	mặt bằng 맛 방
석사	thạc sĩ 탁 씨	선발팀	đội tuyển 도이 뚜엔
석유	dầu hỏa 저우 화	선생님(남자)	thầy giáo 터이 쟈오
선글라스	kính râm 끼잉 점	선생님(여자)	cô giáo 꼬 쟈오

선글라스를 쓰다.	đeo kính râm 대오 끼잉 점
선물을 살 수가 없다.	Tôi không mua quà được. 또이 콩 무어 꽈 드억
선물하고 싶었어요.	Tôi muốn tặng cho chị ấy. 또이 무온 땅 조 찌 어이
선수	vận động viên, tuyển thủ 번 동 비엔, 뚜엔 투
선을 긋다.	gạch một đường 갸익 못 드엉

ㅅ

선조 tổ tiên
또 띠엔

선진적이다. tiên tiến
띠엔 띠엔

선착순 lần lượt
런 르엇

선출하다. bầu
버우

선크림 kem chống nắng
깸 쫑 낭

선택하다. lựa chọn
르어 쫀

선풍기 quạt máy
꽛 마이

설(음력) tết nguyên đán
텟 응우엔 단

설립하다. sáng lập
쌍 럽

설명서 bản hướng dẫn
빈 흐잉 전

설명하다. giải thích
쟈이 틱

설사 bệnh tiêu chảy
버익 띠에우 짜이

선착순으로 티셔츠를 주다. lần lượt phát áo Tshirt
런 르엇 팟 아오 티셧

선크림을 계속 바르다.
tiếp tục bôi kem chống nắng
띠엡 뚝 보이 깸 쫑 낭

선크림을 바르다 bôi kem chống nắng
보이 깸 쫑 낭

설 쇠러 고향에 가? Có về quê ăn tết không?
꼬 베 꿰 안 뗏 콩

설날음식 món ăn của ngày tết
몬 안 꾸어 응아이 뗏

설사약	thuốc tiêu chảy 투억 띠에우 짜이	성 잘 내는	bực mình 븍 미잉
설익은	chín tái 찐 따이	성(이름)	họ 호
설치하다.(전산)	cài đặt 까이 닷	성격	tính cách 띠잉 까익
설탕	đường 드엉	성공하다.	thành công 타잉 꽁
설탕이든	có đường 꼬 드엉	성냥	diêm 지엠
섬	hòn đảo 혼 다오	성립하다.	thành lập 타잉 럽

설사하다.	bị đau bụng tiêu chảy 비 다우 북 띠에우 짜이
설을 재미있게 쇘어요?	Ăn tết vui không? 안 뗏 부이 콩
성가신 일 더는 없을 거예요.	Không có rắc rối nữa. 콩 꼬 작 조이 느어
성격이 발랄하고 좋은	vui tính 부이 띠잉
성공하시기를 바랄게요.	Chúc chị thành công. 쭉 찌 타잉 꽁
성교하다.	làm tình, giao hợp 람 띠잉, 쟈오 헙

성장하다. trưởng thành
쯔엉 타잉

성적 thành tích
타잉 떡

성조 있어? Có dấu không?
꼬 저우 콩

성질 tính chất
띠인 쩟

성탄절 giáng sinh
쟝 씨잉

세 번째 thứ ba
트 바

세 시간 ba tiếng đồng hồ
바 띠응 동 호

세계 thế giới
테 져이

세계에서 trên thế giới
쩬 테 져이

세관 hải quan
하이 꽌

세관신고 kê khai hải quan
께 카이 하이 꽌

세금 thuế
투에

성은 박입니다. 이름은 박민수입니다.
Tôi họ Park. Tôi tên là Park min su.
또이 호 박. 또이 뗀 라 박 민 수

성함을 알려주시겠어요? Xin chị cho biết quí danh?
씬 찌 쪼 비엣 뀌 자잉

성형수술 phẫu thuật thẩm mỹ
퍼우 투엇 텀 미

세게 때리다. đánh mạnh vào
다잉 마잉 바오

세 권 주세요. Cho tôi 3 quyển ạ.
조 또이 바 꾸엔 아

ㅅ

세기(기간) thế kỷ
테 끼

세다.(숫자) đếm
뎀

세달 ba tháng
바 탕

세대 thời đại
터이 다이

세를 주다. cho thuê
조 투에

세미나 hội thảo
호이 타오

세배 lời chúc Tết
러이 쭉 뗏

세뱃돈 넣는 봉투 bao lì xì
바오 리 씨

세옴(오토바이 택시) xe ôm
쌔 옴

세일(할인판매) khuyến mại
퀴엔 마이

세탁기 máy giặt
마이 쟛

세탁세제 bột giặt
봇 쟛

세탁소 hiệu giặt là
히에우 쟛 라

세탁하다. giặt giũ
쟛 주

세포 tế bào
떼 바오

셋(숫자) ba
바

세금을 내다. đóng thuế, nộp thuế
동 투에, 놉 투에

세뱃돈 tiền mừng tuổi, tiền lì xì
띠엔 믕 뚜어이, 띠엔 리 씨

세뱃돈을 주고받는 풍습
phong tục cho và nhận tiền mừng tuổi
퐁 뚝 조 바 년 띠엔 믕 뚜어이

소	con bò 콘 보	소름끼치는	ghê gớm 게 검
소개하다.	giới thiệu 져이 티에우	소리	tiếng 띠응
소견	lời nhận xét 러이 년 쌧	소리를 듣다.	nghe tiếng 응애 띠응
소고기	thịt bò 팃 보	소매치기	kẻ móc túi 깨 목 뚜이
소극적인	tiêu cực 띠에우 끅	소매업하다.	bán lẻ 반 래
소금	muối 무오이	소멸하다.	tiêu diệt 띠에우 지엣
소나기	mưa rào 므어 자오	소변	nước tiểu 느억 띠에우
소득	thu nhập, doanh thu 투 녑, 좌잉 투	소변보다.	đi tiểu 디 띠에우
소득세	thuế lợi tức 투에 러이 뜩	소비자	người tiêu dùng 응어이 띠에우 중

소개해 드릴게요. — Tôi xin giới thiệu.
또이 씬 져이 티에우

소나기를 만나다. — gặp mưa rào
갑 므어 자오

소리치다.(도움을 구하러) — kêu cứu
께우 뀨

소비하다. tiêu dùng
띠에우 중

소설 tiểu thuyết
띠에우 투엣

소송에서 이기다. thắng kiện
탕 끼엔

소수민족 dân tộc thiểu số
전 똑 티에우 쏘

소식 tin tức
띤 뜩

소아마비 trẻ bại liệt
째 바이 리엣

소원 nguyện vọng
응우엔 봉

소유 sở hữu
써 휴

소포 bưu phẩm
뷰 펌

소화 tiêu hóa
띠에우 화

소화불량 khó tiêu hóa
코 띠에우 화

속눈썹 lông mi
롱 미

속닥거리다. bàn tán
반 딴

속담 tục ngữ
뚝 응으

소식이 없는(사라진) biệt tăm
비엣 땀

소음이 조금 있네. Hơi lạo xạo.
허이 라오 싸오

소파 어디에 둬요? Ghế sôpha này để ở đâu ạ?
게 쏘파 나이 데 어 더우 아

소프트웨어(전산) phần mềm
펀 멤

소화에 좋다. tốt cho tiêu hóa
뚯 조 띠에우 화

ㅅ

속도	tốc độ 똑 도	손가락	ngón tay 응온 따이
속도를 줄이다.	giảm tốc 잠 똑	손가방	túi xách tay 뚜이 싸익 따이
속삭이다.	nói thầm 노이 텀	손녀	cháu gái 짜우 가이
속성으로	cấp tốc 껍 똑	손님	khách 가익
속어	tiếng lóng 띠응 롱	손등	mu bàn tay 무 반 따이
속이다.	lừa dối 르어 조이	손목시계	đồng hồ đeo tay 동 호 대오 따이
속하다.	thuộc về 투억 베	손수건	khăn tay 칸 따이
손	tay 따이	손실	thiệt hại 티엣 하이

속이려 하지 마.

Đừng lừa tôi.

등 르어 또이

손님과 관계를 유지하기 위해서 베트남어를 항상 공부해야 합니다.

Tôi vẫn phải học thêm tiếng Việt để giao tiếp với khách hàng.

또이 번 파이 혹 템 띠응 비엣 데 쟈오 띠엡 버이 카익 항

손으로 누르다.	ấn bằng tay 언 방 따이
손을 올리다.	giơ tay 져 따이
손자	cháu trai 짜우 짜이
손잡이	tay cầm, chuôi 따이 껌, 쭈오이
손재주가 있는	khéo tay 캐오 따이
손전등	đèn pin 댄 삔
손톱	móng tay 몽 따이
손톱깎이	kéo cắt móng tay 깨오 깟 몽 따이
손해	thiệt hại 티엣 하이
손해를 보다.	thiệt thòi 티엣 토이
솔직한	thật thà 텃 타
솔질을 하다.	chải 짜이
솜씨 좋은	khéo léo 캐오 래오
송년회	liên hoan cuối năm 리엔 호안 꾸오이 남

손을 흔들어 인사하다.	vẫy tay chào 버이 따이 짜오
솔직히 말하자면,	nhưng thành thật mà nói 능 타잉 텃 마 노이
송별회를 열다.	tổ chức tiệc chia tay 또 쯕 띠엑 찌아 따이
송이 / 장미 3송이	bông / 3 bông hoa hồng 봉 / 바 봉 화 홍

ㅅ

송별회	tiệc chia tay 띠엑 찌아 따이	수다스러운	lắm mồm 람 몸
쇼윈도	tủ kính 뚜 끼잉	수단	phương tiện 프엉 띠엔
쇼핑	mua sắm 무어 쌈	수도(도시)	thủ đô 투 도
수건	khăn 칸	수동의	thủy động 투이 동
수고비	tiền công 띠엔 꽁	수량	số lượng 쏘 르엉
수공의	thủ công 투 꽁	수력	thủy lực, thủy điện 투이 륵, 투이 디엔
수군	thủy quân 투이 퀀	수련	hoa súng 화 쑹
수근거리다.	bàn tán 반 딴	수류탄	quả lựu đạn 꽈 류 단
수년(기간)	hàng năm 항 남	수리하다.	sửa chữa 쓰어 쯔어

쇠고기 쌀국수를 더 좋아해요? 닭고기 쌀국수를 더 좋아해요?

Chị thích phở bò hơn hay phở gà hơn?
찌 틱 퍼 보 헌 하이 퍼 갸 헌

수도요금 받으러 왔나요? Chị tới thu tiền nước à?
찌 떠이 투 띠엔 느억 아

수면(물) mặt nước
맛 느억

수박 dưa hấu
즈어 허우

수백의 hàng trăm
항 짬

수상 인형극 múa rối nước
무어 조이 느억

수상(직위) thủ tướng
투 뜨엉

수상해. Đáng nghi lắm.
당 응이 람

수선하다. sửa chữa
쓰어 쯔어

수속절차 thủ tục
투 뚝

수송하다. vận tải
번 따이

수수료 tiền hoa hồng
띠엔 화 홍

수술 mổ
모

수습하다. thực tập
특 떱

수신인 người nhận
응어이 년

수십 여의 hàng chục
항 쭉

수여하다. trao
짜오

수영 bơi
버이

수영장 bể bơi
베 버이

수요(필요) nhu cầu
뉴 꺼우

수요일 thứ tư
트 뜨

수익을 만들다. kiếm lời
끼엠 러이

수입 doanh thu
좌잉 투

수입세 thuế nhập khẩu
투에 녑 커우

수영할 줄 알아요? Chị có biết bơi không?
찌 꼬 비엣 버이 콩

ㅅ

수입품	hàng ngoại 항 응와이
수입하다.	nhập khẩu 녑 커우
수정액(사무용품)	bút xóa 붓 쏘아
수준	trình độ 찌잉 도
수집하다	thu thập 투 텁
수 천의	hàng nghìn 항 응인
수첩	sổ 쏘
수출세	thuế xuất khẩu 투에 쑤엇 커우
수출입	xuất nhập khẩu 쑤엇 녑 커우
수출하다.	xuất khẩu 쑤엇 커우
수탉	con gà trống 꼰 가 쫑
수퍼마켓	siêu thị 씨에우 티
수평선	chân trời 쩐 쩌이
수표	séc 쌕
수학(과목)	môn toán 몬 또안
수학자	nhà toán học 냐 또안 혹
수험생	thí sinh 티 씨잉
수확기	mùa màng 무어 망
수확하다.	gặt hái 갓 하이
숙고하다.	suy nghĩ 쑤이 응이
숙련된	thạo 타오
숙모	cô 꼬

수퍼마켓에 자주 가. Tôi thường xuyên đi siêu thị.
또이 트엉 쑤엔 디 씨에우 티

숙박하다.	ở lại 어 라이
숙제	bài tập 바이 떱
숙주	giá 자
순서	thứ tự 트 뜨
순서대로(선착순)	lần lượt 런 르엇
순탄한	thuận lợi 투언 러이
순회하다.	hành trình 하잉 찌잉
숟가락	thìa 티아
술	rượu 즈어우
술 취한	say rượu 싸이 즈어우
술어	vị ngữ 비 응으
술을 끊다.	bỏ rượu 보 즈어우
술집	quán rượu 꽌 즈어우
숨기다.	giấu 져우
숨쉬기 어려운	khó thở 코 터
숫자	số 쏘

술 도수가 높아요. — Rượu nặng quá.
즈어우 낭 꽈

술 많이 먹지 마. — Đừng uống quá nhiều rượu.
등 우엉 꽈 니에우 즈어우

술 잘하시네요. — Anh uống khá thật.
아잉 우엉 카 텃

쉬다. / 잘 쉬었어? — nghỉ / Đi nghỉ có vui không?
응이 / 디 응이 꼬 부이 콩

숲	rừng 증	스케줄	thời khóa biểu 터이 콰 비에우
쉬운	dễ 제	스키를 타다.	trượt tuyết 쯔엇 뚜엣
쉽게 믿는	cả tin 까 띤	스키장	sân trượt tuyết 썬 쯔엇 뚜엣
쉽게 상하다.	dễ bị hỏng 제 비 홍	스타(인물)	ngôi sao 응오이 싸오
쉽다.	dễ 제	스타푸르츠(과일)	quả khế 꽈 케
스물(숫자)	hai mươi 하이 므어이	스탬플러	dập ghim 접 김
스스로에게	cho mình 조 미잉	스포츠	thể thao 테 타오
스위치	công tắc 꽁 딱	스포츠 신문	báo thể thao 바오 테 타오

쉽죠? — Dễ phải không?
제 파이 콩

스타일 — phong cách, nếp sống
퐁 까익, 넵 쏭

스트레스 받다. — căng thẳng, cuống lên
깡 탕 , 꾸옹 렌

스페인어 — tiếng Tây Ban Nha
띠응 떠이 반 냐

스프	súp 쑵
스프레이	bình xịt 바잉 씻
스프링	dây cót 저이 꼿
스피커	cái loa 까이 로아
슬픈	buồn 부온
슬픔	nỗi buồn 노이 부온
습격당하다.	bị tấn công 비 떤 꽁
습관	thói quen 토이 꾸앤
습도	độ ẩm 도 엄
승객	hành khách 하잉 카익
승리	chiến thắng 찌엔 탕
승리하다.	thắng lợi 탕 러이
승자	nhà vô địch 냐 보 딕
시(도시)	thành phố 타잉 포
시(문학)	bài thơ 바이 터
시(시간)	giờ 져

슬퍼하지 마.	Đừng buồn đấy. 등 부온 더이
습도가 높아서 힘들어.	Vì độ ẩm cao nên rất mệt. 비 도 엄 까오 넨 젓 멧
승무원	tiếp viên hàng không 띠엡 비엔 항 콩
시간 / 한 시간	tiếng / 1 tiếng 띠응 / 못 띠응

ㅅ

시간	thời gian 터이 잔	시간을 약속하다.	hẹn giờ 헨 져
시간경계선	mốc giờ 목 져	시간이 되다.	đến giờ 덴 져
시간당	trên giờ 쩬 져	시계	đồng hồ 동 호

시간당 300km
300km trên giờ.
바 짬 쩬 져

시간도 없고 바빠.
Tôi không có nhiều thời gian, tôi rất bận.
또이 콩 꼬 니에우 터이 잔, 또이 젓 번

시간약속을 해 주세요. Xin được hẹn thời gian gặp.
씬 드억 핸 터이 잔 갑

시간을 낼 수가 없다.
Tôi lấy đâu ra thời gian.
또이 러이 더우 자 터이 잔

시간을 절약하다.
tiết kiệm thời gian
띠엣 끼엠 터이 잔

시간이 걸리다.
mất thời gian
멋 터이 잔

시간이 오래 걸리네.
Mất thời gian quá.
멋 터이 잔 꽈

시간이 정말 빠르다.
Thời gian nhanh thế!
터이 잔 냐잉 테

시계를 차다. đeo đồng hồ
대오 동 호

시기 thời kỳ
터이 끼

시끄러운 ồn ào
온 아오

시내(도시) nội thành
노이 타잉

시다.(맛) chua
쭈어

시도 dùng thử
중 트

시들다. héo, tàn
해오, 딴

시민 người dân
응어이 전

시샘하다. ghen
갠

시스템(전산) hệ
헤

시아버지 bố chồng
보 쫑

시어머니 mẹ chồng
매 쫑

시원한 mát, mát mẻ
맛, 맛 매

시월 tháng mười
탕 므어이

시위하다. biểu tình
비에우 띠잉

시작하다. bắt đầu
밧 더우

시끄러운걸. Hơi ồn ào quá.
허이 온 아오 꽈

시내중심 trung tâm thành phố
쭝 떰 타잉 포

시장에 자주 가세요?
Chị thường xuyên đi chợ không ạ?
찌 트엉 쑤엔 디 쩌 콩 아

시장	chợ, thương trường 쩌, 트엉 쯔엉
시점(시기)	thời điểm 터이 디엠
시청자	khán giả 칸 쟈
시체	xác 싹
시클로	xích lô 씩 로
시행하다.	thi hành 티 하잉
시험	thi 티
시험 문제	đề thi 데 티
시험삼아하다.	thử 트
시험에 떨어지다.	thi trượt 티 쯔엇
시험지	bài thi 바이 티
식당	nhà hàng 나 항
식량	lương thực 르엉 특
식사	bữa ăn 브어 안
식사하다.	ăn cơm 안 껌
식용유	dầu ăn 저우 안

시키지 마세요. — Đừng bắt chị.
등 밧 찌

시험 봤어요? — Chị đã thi chưa?
찌 다 티 쯔어

시험 결과가 어때요? — Kết quả thi của chị thế nào?
껫 꽈 티 꾸어 찌 테 나오

식당칸(기차) — toa ăn trên xe lửa
또아 안 쩬 쌔 르어

식이요법하다. ăn kiêng
안 끼응

식중독 ngộ độc thức ăn
응오 독 특 안

식초 giấm
점

식탁 bàn ăn
반 안

식품 thực phẩm
특 펌

신(종교) chúa
쭈어

신경 쓰다. chu đáo
쭈 다오

신경 쓰지 않다. mặc kệ
막 께

신고 bản báo cáo
반 바오 까오

신고서 tờ khai
떠 카이

신랑 chú rể
쭈 제

신랑측 nhà trai
냐 짜이

신뢰하다. tin
띤

신문 tờ báo
떠 바오

신경 써 주시는군요. Chị chu đáo quá.
찌 쭈 다오 꽈

신경쓰지 마. Đừng bận tâm.
등 번 떰

신고서를 작성하셨나요? Chị đã viết tờ khai chưa?
찌 다 비엣 떠 카이 쯔어

신고서를 작성해 주세요.
Mời chị điền vào tờ khai này.
머이 찌 디엔 바오 떠 카이 나이

ㅅ

신물이 넘어오다.	ợ chua 어 쭈어
신발	giày dép 쟈이 잽
신발을 신다.	đi giày 디 쟈이
신병	tân binh 떤 비잉
신부측	nhà gái 냐 가이
신부(결혼)	cô dâu 꼬 저우
신비	bí ẩn 비 언
신사(남자)	người đàn ông 응어이 단 옹
신선하다.	tươi 뜨어이
신앙	tín ngưỡng 띤 응으엉
신용	tín nhiệm 띤 니엠
신용장	tín phiếu 띤 피에우
신용카드	thẻ tín dụng 태 띤 중
신중한	chu đáo 쭈 다오
신청서	đơn xin 던 씬
신형이다.	kiểu mới 끼에우 머이
신호	tín hiệu 띤 히에우
신호등	đèn giao thông 댄 쟈오 통
신혼	tân hôn 떤 혼
실	sợi chỉ 써이 찌
실례합니다.	Xin lỗi. 씬 로이
실망이다.	thất vọng 텃 봉

신문을 보면 알게 될 거예요. Chị đọc báo sẽ biết.
찌 독 바오 쌔 비엣

실무자 cán bộ nghiệp vụ
깐 보 응이엡 부

실물 hiện vật
히엔 벗

실수 lỗi
로이

실수하다. sai lầm
싸이 럼

실습하다. thực hành
특 하잉

실시하다. thi hành
티 하잉

실장(지위) trưởng phòng
쯔엉 퐁

실제가격 giá thực
쟈 특

실제로 thực sự
특 쓰

실제수입 thu nhập thực
투 녑 특

실제의 thực tế
특 떼

실직하다. thất nghiệp
텃 응이엡

실크 lụa
루어

실패하다. thất bại
텃 바이

실행하다. thực hiện
특 히엔

싫어하다. ghét
갯

싫음 말고. Đừng có ghét.
등 꼬 갯

심다. trồng
쫑

심리 tâm lý
떰 리

심리학 tâm lý học
떰 리 혹

실제로 있었던 일 chuyện xảy ra có thực
쭈엔 싸이 자 꼬 특

실크를 생산하다. sản xuất lụa
싼 쑤엇 루어

ㅅ

심장	trái tim 짜이 띰	싱글룸	phòng đơn 퐁 던
심장병	bệnh tim 버익 띰	싱싱한	tươi 뜨어이
심판(경기)	trọng tài 쫑 따이	싸다.(커버)	bọc, gói 복, 고이
십 억(숫자)	tỷ 띠	싸우다.(논쟁)	tranh cãi 짜잉 까이
십이(숫자)	mười hai 므어이 하이	싸우다.(불화)	bất hòa 벗 화
십이월	tháng mười hai 탕 므어이 하이	싸우다.(투쟁)	đấu tranh 더우 짜잉
십일(숫자)	mười một 므어이 못	쌀	gạo 갸오
십일월	tháng mười một 탕 므어이 못	쌀국수	phở 퍼
싱겁다.	nhạt 냣	쌀을 씻다.	vo gạo 보 갸오

싸 주세요. Xin gói vào cho tôi.
씬 고이 바오 조 또이

쌀국수를 많이 먹었어. Tôi ăn bao nhiêu là phở bò.
또이 안 바오 니에우 라 퍼 보

쌀국수를 제일 좋아 해요. Tôi thích phở hơn cả.
또이 틱 퍼 헌 까

쌍꺼풀	mắt hai mí 맛 하이 미	쓰다.(맛)	đắng 당
쌍둥이의	sinh đôi 씨잉 도이	쓰레기통	thùng rác 퉁 작
썩다.(이)	sâu 써우	쓸모없는	vô dụng 보 중
쏟다.	đổ 도	씨름하다.	đấu vật 더우 벗
쓰다.(글씨)	viết 비엣	씹다.	nhai 냐이
쓰다.(기록)	ghi 기	씻다.	rửa 즈어

쌍 / 완벽한 한 쌍 — đôi / 1 đôi hoàn hảo
도이 / 못 도이 호안 하오

씹을 수 없다. — không nhai được
콩 냐이 드억

ㅇ

한국어-베트남어 단어장

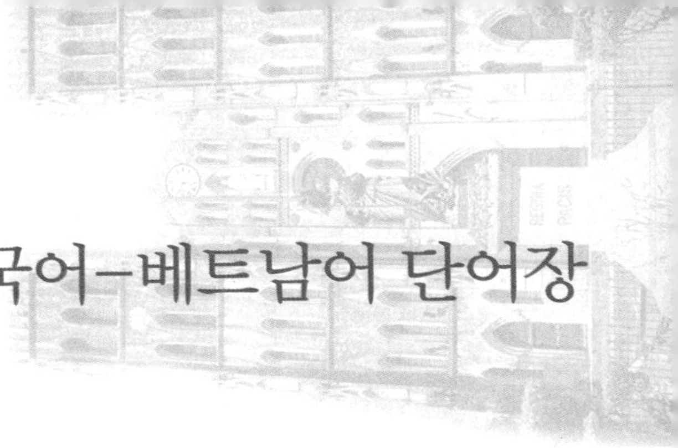

아, 그렇군요.	À, thế à. 아, 테 아	아래층	dưới nhà 즈어이 냐
아가씨	thiếu nữ 티에우 느	아름다운	đẹp 댑
아기	em bé 앰 배	아름다운 사람	người đẹp 응어이 댑
아내	vợ 버	아마	có lẽ, chắc là 꼬 래, 짝 라
아니(대답)	không 콩	아마 그럴걸.	Có lẽ là thế. 꼬 래 라 테
아들	con trai 꼰 짜이	아마 될 거야	Chắc là được. 짝 라 드억
아랑곳 하지 않고	mặc kệ 막 께	아마추어	nghiệp dư 응이엡 즈
아래	dưới 즈어이	아무 때나	bất kỳ lúc nào 벗 끼 룩 나오

아깝잖아. 버리지 마.	Tiếc lắm, đừng vứt đi. 띠엑 람, 등 븟 디
아닐 거야.	Chắc không phải thế đâu. 짝 콩 파이 테 더우
아르바이트가다.	đi làm thêm 디 람 템
아마 25살 일걸요?	Chắc khoảng 25 tuổi. 짝 쾅 하이 므어이 람 뚜어이

아무 뜻 없이(의도)	vô ý 보 이	아오자이	áo dài 아오 자이
아무 맛이 없다.	vô vị 보 비	아이	con bé 꼰 배
아빠	bố 보	아이를 낳다.	đẻ 대
아쉬워하다.	tiếc 띠엑	아이스녹차	trà đá 짜 다
아시아	châu Á 쩌우 아	아이스크림	kem 깸

아마 전화했어도 통화 못했을 거야.
Có lẽ nếu chị gọi thì chắc cũng không gặp em.
꼬 래 네우 찌 고이 티 짝 꿍 콩 갑 앰

아무 말도 하지 마.
Đừng nói gì cả!
등 노이 지 까

아무것도 몰라.
Tôi không biết gì hết.
또이 콩 비엣 지 헷

아무것도 변하지 않을 것이다.
sẽ không có gì thay đổi được
쌔 콩 꼬 지 타이 도이 드억

아무것도 아니야.
Không sao.
콩 싸오

아무데나 앉으세요.
Ngồi đâu cũng được mà.
응오이 더우 꿍 드억 마

아저씨 chú 쭈	아침에 vào buổi sáng 바오 부오이 쌍
아직 안 먹다. chưa ăn 쯔어 안	아침을 먹다. ăn sáng 안 쌍

아오자이를 입어해? Phải mặc áo dài à?
파이 막 아오 자이 아

아이 돌보면서 일하는 건 너무 피곤하잖아.
Vừa chăm sóc con, vừa đi làm thì mệt lắm.
브어 짬 쏙 꼰, 브어 디 람 티 멧 람

아이가 있어요? Chị đã có cháu nào chưa?
찌 다 꼬 짜우 나오 쯔어

아주 맑을 거예요. Có thể sẽ nắng to.
꼬 테 쌔 낭 또

아줌마, 뭘 좀 물어 볼게요.
Chị gì ơi, làm ơn cho em hỏi.
찌 지 어이, 람 언 조 앰 호이

아직 길이 익숙지 않다. chưa thuộc đường
쯔어 투억 드엉

아직 대화해 본적이 없다. chưa bao giờ nói chuyện
쯔어 바오 져 노이 쭈엔

아직 베트남에 대해 많이 이해하지 못해요.
Tôi chưa hiểu nhiều về Việt Nam.
또이 쯔어 히에우 니에우 베 비엣 남

ㅇ

아파 Đau quá!
다우 꽈

아프리카 châu Phi
쩌우 피

아파트 căn hộ
깐 호

아픈 ốm, đau
옴, 다우

아직 안 골랐어요. chưa chọn được
쯔어 쫀 드억

아직 익숙지 않다. chưa quen
쯔어 꾸앤

아직도 배불러. Vẫn no quá.
번 노 꽈

아직도 베트남어가 어려워서 우울해.
Tôi buồn vì tiếng Việt vẫn còn khó lắm.
또이 부온 비 띠응 비엣 번 꼰 코 람

아침 6시부터 아침식사가 가능합니다.
Từ 6 giờ sáng, có thể bắt đầu ăn sáng.
뜨 싸우 져 쌍, 꼬 테 밧 더우 안 쌍

아침에 보통 뭘 먹어요?
Vào buổi sáng chị thường ăn gì?
바오 부오이 쌍 찌 트엉 안 지

아침에 안개가 끼다. Vào buổi sáng, có sương.
바오 부오이 쌍, 꼬 쓰엉

아파서 밥을 못 먹겠어.
Vì đau quá nên không ăn cơm được.
비 다우 꽈 넨 콩 안 껌 드억

아픔 nỗi đau
노이 다우

아홉 번째 thứ chín
트 찐

아홉(숫자) chín
찐

악기 nhạc cụ
냑 꾸

악기를 치다. đánh đàn
다잉 단

악몽 ác mộng
악 몽

악수 bắt tay
밧 따이

악어 con cá sấu
끈 까 써우

악필이네요. Viết xấu quá.
비엣 써우 꽈

안 좋은 결과 hậu quả
허우 꽈

안(내부) trong
쫑

안개 sương mù, sương
쓰엉 무, 쓰엉

안경을 쓰다. đeo kính
대오 끼잉

안과에 가다. đi khám mắt
디 캄 맛

아파서 일찍 집에 가야해.
Vì đau đầu nên phải về nhà sớm.
비 다우 더우 넨 파이 베 냐 썸

아픈 게 나아졌나요?
Chị đã thấy đỡ mệt hơn chưa ạ?
찌 다 터이 더 멧 헌 쯔어 아

아픈지 얼마나 됐어요? Đau lâu chưa?
다우 러우 쯔어

안 나갔어요? Chị không đi đâu à?
찌 콩 디 더우 아

안내소 phòng chỉ dẫn
퐁 찌 전

안내책자 sách hướng dẫn
싸익 흐엉 전

안내하다. hướng dẫn
흐엉 전

안녕하세요. Xin chào.
씬 짜오

안되다. không được
콩 드억

안락하다. thoải mái
토아이 마이

안심하다. yên tâm
엔 떰

안에 trong
쫑

안 돼. 비밀이야. 얘기해 줄 수 없어.
Không được. Bí mật mà. Không thể nói được.
콩 드억. 비 멋 마. 콩 테 노이 드억

안 만나다. / 나 안본지 꽤 됐잖아요.
không gặp / Lâu lắm rồi chị không gặp em.
콩 갑 / 러우 람 조이 찌 콩 갑 앰

안 먹으면 되지 뭐. Không ăn nữa cũng được mà.
콩 안 느어 꿍 드억 마

안 어울려. Không hợp với tôi.
콩 헙 버이 또이

안 어울려. 사지마. Không hợp đâu, đừng mua.
콩 헙 더우, 등 무어

안개가 짙다. sương mù dày đặc
쓰엉 무 자이 닥

안녕. 다시 만나. Tạm biệt! Hẹn gặp lại!
땀 비엣, 핸 갑 라이

안전	an toàn 안 또안	알고 싶다.	muốn biết 무온 비엣
안정된	ổn định 온 딕	알고 지내다.	quen biết 꾸앤 비엔
안쪽의	bên trong 벤 쫑	알레르기	dị ứng 지 응
앉다.	ngồi 응오이	알려주다.	kể cho 께 쪼
앉을 자리	chỗ ngồi 쪼 응오이	알리다.	thông báo 통 바오
알게 하다.	cho biết 쪼 비엣	알아들었어요.	Tôi hiểu. 또이 히에우

안녕히 계세요. 저는 가겠습니다.
Xin phép chị, em về ạ.
씬 팹 찌, 앰 베 아

안녕히 계십시오.
Tạm biệt chị.
땀 비엣 찌

안약을 넣다.
nhỏ thuốc mắt
뇨 투억 맛

안타요.(세옴아저씨께)
Không đi.
콩 디

알 / 매일 2알씩
viên / mỗi ngày 2 viên
비엔 / 모이 응아이 하이 비엔

ㅇ

알약	thuốc viên 투억 비엔
알코올중독	nghiện rượu 응이엔 즈어우
암	bệnh ung thư 버익 웅 트
암산하다.	tính nhẩm 띠잉 념
암탉	con gà mái 꼰 갸 마이
압력을 넣다.	ép 앱
앞의	trước mặt 쯔억 맛
앞질러가다.	vượt qua 브엇 꽈
앞쪽	phía trước 피아 쯔억
앞치마	tạp dề 땁 제

알다. / 잘 알겠어. — biết / Tôi rõ rồi.
비엣 / 또이 조 조이

알아 맞혀 보세요. — Chị thử đoán xem.
찌 트 도안 쌤

알아보다. / 나 알아보시겠어요?
nhận ra / Nhận ra tôi không ạ?
년 자 / 년 자 또이 콩 아

알았어. 20만동. — Được rồi. 200,000Đ.
드억 조이 하이 짬 응인 동

알았어. 알았어.(재촉당할때) — Đồng ý! Đồng ý!
동 이, 동 이

알코올중독자 — kẻ nghiện rượu
깨 응이엔 즈어우

애니메이션 phim hoạt hình
핌 홧 히잉

애석하다. đáng tiếc
당 띠엑

애원하다. cầu xin
꺼우 씬

애인 người yêu
응어이 이에우

애정 tình thương
띠잉 트엉

애착을 가지다. lưu luyến
류 루엔

애호가 người hâm mộ
응어이 험 모

액션 hành động
하잉 동

액션영화 phim hành động
핌 하잉 동

앵두 quả anh đào
꽈 아잉 다오

앵무새 con vẹt
꼰 뱃

야구 bóng chày
봉 짜이

야기하다. gây ra
거이 자

야단맞다. bị mắng
비 망

야생의 hoang dại
황 자이

약 thuốc
투억

약(대략) khoảng
쾅

약간 một ít
못 잇

앞 사무실 văn phòng đối diện đó
반 퐁 도이 지엔 도

애무하다. âu yếm, yêu thương
어우 이엠, 이에우 트엉

애프터서비스 dịch vụ bảo hành
직 부 바오 하잉

ㅇ

약국	hiệu thuốc 히에우 투억
약도	sơ đồ 써 도
약사	dược sĩ 즈억 씨
약속	lời hứa 러이 흐어
약속어음	kỳ phiếu 끼 피에우
약속을 지키다.	giữ lời hứa 즈 러이 흐어
약속이 있어.	Có hẹn rồi. 꼬 핸 조이
약속하다.	hẹn 핸
약을 먹다.	uống thuốc 우엉 투억
약혼식을 하다.	ăn hỏi 안 호이
얄미워	Đáng ghét quá. 당 갯 꽈
얇은	mỏng 몽

야박하네.	Chị là đồ nhẫn tâm. 찌 라 도 년 떰
야참을 먹다.	ăn bữa phụ vào buổi tối 안 브어 푸 바오 부어이 또이
약 30분 걸려요.	hết mất khoảng 30 phút 헷 멋 쾅 바 므어이 풋
약간만 말 할 줄 알아요.	Tôi chỉ nói được một ít thôi. 또이 찌 노이 드억 못 잇 토이
약국으로 가세요.	Mời sang phòng dược. 머이 쌍 퐁 즈억

얇은 종이	giấy mỏng 져이 몽	
양념	gia vị 자 비	
양념장	nước chấm 느억 쩜	
양력	dương lịch 즈엉 릭	
양말	tất 떳	
양말을 신다.	đi tất 디 떳	
양배추	bắp cải 밥 까이	
양복	comple, âu phục 껌레, 어우 푹	
양상추	rau xà lách 자우 싸 라익	
양성하다.	đào tạo 다오 따오	
양식	kiểu 끼에우	
양식(식량)	lương thực 르엉 특	
양심	lương tâm 르엉 떰	
양쪽	hai bên 하이 벤	
양초	cây nến 꺼이 넨	
양파	củ hành tây 꾸 하잉 떠이	
양해하다.	thông cảm 통 깜	
어!(감탄사)	ôi 오이	
어감	linh cảm 리잉 깜	
어깨	vai 바이	
어느	nào 나오	
어느 것	cái nào 까이 나오	

애기 할게 있어요. Em có chuyện muốn nói với chị.
앰 꼬 쭈엔 무온 노이 버이 찌

ㅇ

어느 곳이나 mọi nơi
모이 너이

어느 나라에서 ở nước nào
어 느억 나오

어느 날 một hôm
못 홈

어느 언니요? Chị nào?
찌 나오

어느 종목에서 ở môn nào
어 몬 나오

어느 팀 đội nào
도이 나오

어두운 tối
또이

어디 ở đâu
어 더우

어디 가다. đi đâu
니 너우

어디 둬요? để ở đâu ạ?
데 어 더우 아

얘기해 줄 수 없어. Không thể nói được.
콩 테 노이 드억

얘기해줘. Kể cho tôi nghe đi.
께 조 또이 응애 디

어느 나라 사람입니까? Chị là người nước nào?
찌 라 응어이 느억 나오

어느 나라 제품이예요?
Đây là sản phẩm của nước nào?
더이 라 싼 펌 꾸어 느억 나오

어느 정도까지 đến mức độ nào
덴 믁 도 나오

어느 종목에서 금메달을 땄어?
Đạt huy chương vàng ở môn nào?
닷 휘 쯔엉 방 어 몬 나오

어때? Thế nào?
테 나오

어떤 것? Cái nào?
까이 나오

어떤지 좀 보다. xem nào
쌤 나오

어떻게 như thế nào
느 테 나오

어떻게 하지? Làm thế nào?
람 테 나오

어려운 khó
코

어느 지역을 가면 좋은지 조언 좀 해 주세요.
Chị có thể khuyên em nên đi đâu không?
찌 꼬 테 쿠엔 앰 넨 디 더우 콩

어느 지역을 방문하셨어요?
Chị đã đi thăm những nơi nào rồi?
찌 다 디 탐 능 너이 나오 조이

어느 팀이 이겼어? Đội nào thắng?
도이 나오 탕

어느 호텔이 제일 커요? Khách sạn nào lớn nhất?
카익 싼 나오 런 녓

어디 머물 거예요? Chị định ở đâu?
찌 딕 어 더우

어디 약속 있어? Định đi đâu bây giờ à?
딕 디 더우 버이 져 아

어디다 뒀더라. 잃어버렸나?
Để đâu rồi không biết. Đánh mất à?
데 더우 조이 콩 비엣, 다잉 멋 아

어르신	ông 옹	어른	người lớn 응어이 런

어디를 가든지 비옷을 가지고 다녀야해요.
Đi đâu cũng phải mang theo áo mưa.
디 더우 꿍 파이 망 태오 아오 므어

어디서 배웠어요? Chị học ở đâu đấy?
찌 혹 어 더우 더이

어디서 사야하는지 모르겠어.
Tôi không biết mua nó ở đâu.
또이 콩 비엣 무어 노 어 더우

어디서 살 수 있어요? Có thể mua ở đâu?
꼬 테 무어 어 더우

어디서 샀는지 물어볼게. Tôi sẽ hỏi mua nó ở đâu.
또이 쌔 호이 무어 노 어 더우

어디서 일하세요? Chị làm việc ở đâu?
찌 람 비역 어 더우

어디에 가세요? Chị đi đâu đấy?
찌 디 더우 더이

어디에 쓰는 거야? Cái này dùng làm gì?
까이 나이 중 람 지

어디에서 돌아오는 거예요? Chị đi đâu về?
찌 디 더우 베

어때? 예뻐? Thế nào? đẹp phải không?
테 나오, 댑 파이 콩

어리둥절한	lúng túng 룽 뚱	어리석은	ngu, ngốc 응우, 응옥

어떤 것들이 면세가 되나요?
Những thứ gì có thể miễn thuế?
능 트 지 꼬 테 미엔 투에

어떤 게 더 키가 커요?
Cái nào cao hơn?
까이 나오 까오 헌

어떤 게 더 편하게 갈까?
Đi bằng gì thì tiện hơn?
디 방 지 티 띠엔 헌

어떤 운동을 하세요?
Chị có thường chơi môn thể thao nào không?
찌 꼬 트엉 쩌이 몬 테 타오 나오 콩

어떤 음악 좋아해요?
Chị thích loại nhạc nào?
찌 틱 롸이 냑 나오

어떤 종류의 물건이 있는지 모릅니다.
Không biết có những loại hàng gì.
콩 비엣 꼬 능 롸이 항 지

어떤 종류의 책이에요?
Đây là loại sách gì?
더이 라 롸이 싸익 지

어떤 호텔이 가장 화려한가요?
Khách sạn nào sang trọng nhất?
카익 싼 나오 쌍 쫑 녓

어떻게 구분해요?
Phân biệt thế nào bây giờ?
펀 비엣 테 나오 버이 져

어린	trẻ 째	어린이	đứa trẻ 드어 째

어떻게 나를 속여?
Làm sao có thể lừa được tôi chứ.
람 싸오 꼬 테 르어 드억 또이 쯔

어떻게 된 거예요?
Chị bị sao đấy?
찌 비 싸오 더이

어떻게 먹는 거예요?
Cái này ăn như thế nào?
까이 나이 안 느 테 나오

어떻게 생각해요?
Chị thấy thế nào?
찌 터이 테 나오

어떻게 생겼어?
Chị ấy ra sao?
찌 어이 자 싸오

어떻게 쓰는 거야?
Dùng thế nào?
중 테 나오

어떻게 알았어요?
Sao chị biết?
싸오 찌 비엣

어떻게 '장동건'을 들어 본 적이 없어요.
Tại sao chưa bao giờ nghe đến tên 'Jang Dong Gun'.
따이 싸오 쯔어 바오 져 응애 덴 뗀 장동건

어려운 시기
đến giai đoạn khó
덴 쟈이 돤 코

어렵지 않다.
Không khó lắm.
콩 코 람

어릿광대 chú hề
쭈 헤

어선 tàu đánh cá
따우 다잉 까

어울리다. hợp
헙

어제 hôm qua
홈 꽈

어제 저녁 tối qua
또이 꽈

어젯밤 đêm qua
뎀 꽈

어쩔 수 없이 ~ 하다. đành
다잉

어찌됐건 nói 1 cách khác
노이 못 까익 칵

어휘 từ ngữ
뜨 응으

언니, 누나 chị gái
찌 가이

ㅇ

어리다. / 두 살 어리다. kém / kém 2 tuổi.
깸 / 깸 하이 뚜어이

어우. 너무 달아. Ôi, ngọt quá.
오이, 응옷 꽈

어젯밤에 분명하게 말했잖아요.
Tôi đã nói rõ tối qua rồi mà.
또이 다 노이 조 또이 꽈 조이 마

어젯밤에 잘 잤어요?
Đêm qua chị có ngủ được không?
뎀 꽈 찌 꼬 응우 드억 콩

어쨌든 젖었을 거야. Trước sau gì cũng ướt thôi.
쯔억 싸우 지 꿍 으엇 토이

어쩌다 그렇게 됐네. Chỉ là vô tình thôi.
찌 라 보 띠잉 토이

언니, 누나(호칭)	chị 찌	언제요?(과거)	Khi nào? 키 나오
언어	ngôn ngữ 응온 응으	언제요?(미래)	Hôm nào? 홈 나오
언제	khi nào 키 나오	얻다.	thu 투
언제부터	từ bao giờ 뜨 바오 져	얼굴	mặt 맛

어쩔 수 없이 자다. đành phải ngủ
다잉 파이 응우

언니 집에 갈게요. Em sang nhà chị.
앰 쌍 냐 찌

언니나 동생 있어요? Chị có mấy anh,chị,em?
찌 꼬 머이 아잉 찌 앰

언제 납품합니까? Bao giờ giao hàng?
바오 져 쟈오 항

언제 돌아가시나요? Bao giờ chị về ạ?
바오 져 찌 베 아

언제 우리 집에 오실 거예요?
Khi nào chị sẽ tới nhà em?
키 나오 찌 쌔 떠이 냐 앰

언제 졸업했어요? Chị tốt nghiệp đại học năm nào?
찌 똣 응이엡 다이 혹 남 나오

얼굴에	ở mặt 어 맛
얼굴을 가리다.	che mặt 째 맛
얼굴이 타다.	mặt bị đen 맛 비 댄
얼굴표정	bộ mặt 보 맛
얼다.	đóng băng 동 방
얼룩	vết, vết bẩn 벳, 벳 번
얼마	mấy 머이
얼마나 걸려?	Mất bao lâu? 멋 바오 러우
얼마나 먼	bao xa 바오 싸
얼마나 오래	bao lâu 바오 러우
얼마나?	Bao nhiêu? 바오 니에우
얼음	đá 다
엄격하군요.	Nghiêm quá! 응이엠 꽈
엄금하다.	nghiêm cấm 응이엠 껌
엄마	mẹ 매
엄중한	nghiêm trọng 응이엠 쫑

언제 찾아 갈 수 있나요?
Bao giờ sẽ lấy được?
바오 져 쌔 러이 드억

얼마동안 베트남에 있을 건가요?
Chị sẽ ở Việt Nam trong bao lâu?
찌 쌔 어 비엣 남 쫑 바오 러우

얼마를 투자 하실 건가요?
Chị định đầu tư bao nhiêu?
찌 딕 더우 뜨 바오 니에우

ㅇ

엄청나게	vô cùng 보 꿍
업무	công việc 꽁 비역
없어.	Không có. 콩 꼬
없어지다.	mất, bị thất lạc 멋, 비 텃 락
엉망진창으로	lộn xộn 론 쏜
엎지르다.	làm đổ 람 도
에티켓을 지키다.	giữ lễ 즈 레
엘리베이터	thang máy 탕 마이

얼마예요?	Bao nhiêu tiền ạ? 바오 니에우 띠엔 아
얼마정도 알고 있다.	biết ít nhiều 비엣 잇 니에우
엄마를 닮았네요.	Giống mẹ quá. 죵 매 꽈
업데이트하다.(전산)	cập nhật 껍 녓
에스컬레이터	thang cuốn 탕 꾸온
에어컨	máy điều-hòa nhiệt độ 마이 디에우 화 니엣 도
에어컨 켜주세요.	Xin bật máy điều-hòa giúp ạ. 씬 벗 마이 디에우 화 즙 아
엑스레이를 찍다.	chụp X-quang 쭙 엑스 꽝

여권	hộ chiếu 호 찌에우	여기다.(생각하다.)	coi 꼬이

여권 준비했어요? Đã chuẩn bị hộ chiếu chưa ạ?
다 쭈언 비 호 찌에우 쯔어 아

여기 금연지역이야. Đây là khu cấm hút thuốc lá.
더이 라 쿠 껌 훗 투억 라

여기 돈이요. Xin gửi tiền chị.
씬 그이 띠엔 찌.

여기 혼자 왔어요? Chị đến đây một mình à?
찌 덴 더이 못 미잉 아

여기가 어느 도로 인가요? Đó là phố nào à?
도 라 포 나오 아

여기 근처에 버스정류장이 있어요?
Ở gần đây có bến xe buýt không ạ?
어 건 더이 꼬 벤 쌔 뷧 콩 아

여기는 남편 분 회사예요?
Đây là công ty của chồng chị à?
더이 라 꽁 띠 꾸어 쫑 찌 아

여기서 멀어요? Cách đây còn xa không ạ?
까익 더이 꼰 싸 콩 아

여기서 세워주세요.(택시)
Dừng ở đây. Cho tôi xuống đây.
증 어 더이, 조 또이 쑤엉 더이

ㅇ

여기에	đây này 더이 나이	여드름	mụn 문
여덟 번째	thứ tám 트 땀	여러 가지	nhiều loại 니에우 롸이
여덟(숫자)	tám 땀	여러 해	nhiều năm 니에우 남
여동생	em gái 엠 가이	여론	dư luận 즈 루언

여기에 버스정류장이 있어요?
Ở đây có bến xe buýt không ạ?
어 더이 꼬 벤 쌔 뷧 콩 아

여기에 빈방 있어요?
Ở đây có phòng trống không?
어 더이 꼬 퐁 쫑 콩

여기에 재미있게 놀만한 곳이 있나요?
Ở đây có nơi nào đáng chơi vui không?
어 더이 꼬 너이 나오 당 쩌이 부이 콩

여동생은 나보다 2살 어려.
Em gái tôi kém tôi 2 tuổi.
앰 가이 또이 깸 또이 하이 뚜어이

여러분 모두 즐거운 휴일 보내세요.
Chúc mọi người có ngày nghỉ vui vẻ!
쭉 모이 응어이 꼬 응아이 응이 부이 배

여름	mùa hè 무어 해
여름 방학	nghỉ hè 응이 해
여름에	vào mùa hè 바오 무어 해
여름휴가	nghỉ hè 응이 해
여보세요.(전화)	alô 알로
여선생님	cô giáo 꼬 쟈오
여섯 번째	thứ sáu 트 싸우
여섯(숫자)	sáu 싸우
여성	phụ nữ 푸 느
여왕	nữ hoàng 느 황
여우	con cáo 꼰 까오
여자	cô gái 꼬 가이
여자들	các cô gái 깍 꼬 가이
여전히	vẫn 번
여행	chuyến du lịch 쭈엔 주 릭
여행 비자	visa du lịch 비싸 주 릭
여행가방	va-li 바 리
여행사	công ty du lịch 꽁 띠 주 릭

여전히 잘 지내.	Tôi vẫn khỏe. 또이 번 쾌
여전히 잘 지내세요?	Chị vẫn khỏe chứ? 찌 번 쾌 쯔
여행가이드	hướng dẫn viên du lịch 흐엉 전 비엔 주 릭

ㅇ

여행자	khách du lịch 카익 주 릭	역무원	nhân viên nhà ga 년 비엔 냐 갸
여행자수표	séc du lịch 쌕 주 릭	역사	lịch sử 릭 쓰
여행하다.	du lịch 주 릭	역할	vai trò 바이 쩌
역	ga 가	연결	liên hệ 리엔 헤
역량	lực lượng 륵 르엉	연결하다	liên kết 리엔 껫

여행사가 일체의 수속을 해 줄 것 입니다.
Công ty du lịch có thể thay chị làm tất cả mọi thủ tục.
꽁 띠 주 릭 꼬 테 타이 찌 람 떳 까 모이 투 뚝

여행자를 위한 dành cho người đi du lịch
자잉 쪼 응어이 디 주 릭

여행팀과 함께 가는 것이 가장 좋아요.
Tốt nhất là đi cùng với đoàn du lịch.
뜻 녓 라 디 꿍 버이 도안 주 릭

역사를 이해할수록 당신의 여행이 더 즐거워질 것입니다.
Càng hiểu lịch sử thì chuyến đi của chị sẽ càng thú vị.
깡 히에우 릭 쓰 티 쭈엔 디 꾸어 찌 쌔 깡 투 비

연계	từ nối 뜨 노이	연락 가능한	liên lạc 리엔 락
연관	liên quan 리엔 꽌	연료	nhiên liệu 니엔 리에우
연구하다.	nghiên cứu 응이엔 끄	연립의	liên hợp 리엔 헙
연극	kịch 끽	연말	cuối năm 꾸오이 남
연근	củ sen 꾸 쌘	연못	ao 아오
연기되다.(시간)	trì hoãn 찌 호안	연설	diễn văn 지엔 반
연기하다.(공연)	biểu diễn 비에우 지엔	연소자	con em 꼰 앰
연기하다.(영화)	đóng phim 동 핌	연속하다.	liên tục 리엔 뚝
연꽃(베트남국화)	hoa sen 화 쌘	연습하다.	luyện tập 루엔 떱

연봉이 정말 세다.
Tiền lương rất cao.
띠엔 르엉 젓 까오

연습 많이 한 것 맞죠?
Chắc phải luyện tập nhiều nhỉ?
짝 파이 루엔 떱 니에우 니

ㅇ

연애하다.	yêu đương 이에우 드엉		열개(가 한 묶음)	chục 쭉
연약하다.	yếu 이에우		열거하다.	liệt kê 리엣 께
연어	cá hồi 까 호이		열다.	mở 머
연장하다.	kéo dài 깨오 자이		열다섯	mười lăm 므어이 람
연초(때)	đầu năm 더우 남		열둘(숫자)	mười hai 므어이 하이
연회를 베풀다.	mở tiệc 머 띠엑		열쇠	chìa khóa 찌아 콰
열 번째	thứ mười 트 므어이		열심히	chăm chỉ 짬 찌
열(숫자)	mười 므어이		열심히 하다.	cố gắng 꼬 강

열쇠 잃어버린 것 같아.
Hình như tôi đã đánh mất chìa khóa rồi.
히잉 느 또이 다 다잉 멋 찌아 콰 조이

열심히 설명하다.
cố gắng giải thích
꼬 강 쟈이 틱

열심히 할게요.
Tôi sẽ cố gắng.
또이 쌔 꼬 강

열악한	khắc nghiệt 칵 응이엣
열이 내리다.	khỏi sốt 코이 쏫
열이 있는	sốt 쏫
열정	nhiệt tình 니엣 띠잉
열중하다.	chăm chú 짬 쭈
열차	xe lửa 쌔 르어
열하나(숫자)	mười một 므어이 못
염소	con dê 꼰 제
염전	ruộng muối 주옹 무오이
염증	viêm 비엠
엽서	bưu thiếp 뷰 티엡
영광	vinh quang 비잉 꽝

열악한 환경
môi trường khắc nghiệt
모이 쯔엉 칵 응이엣

열이 납니까?
Có sốt không?
꼬 쏫 콩

열이 있어서 일하러 가지 못했다.
Vì chị ấy ốm nên chị ấy không đi làm.
비 찌 어이 옴 넨 찌 어이 콩 디 람

열이 조금 나다.
hơi sốt
허이 쏫

영문판 여행서적
sách hướng dẫn viết bằng tiếng Anh
싸익 흐엉 전 비엣 방 띠응 아잉

ㅇ

영리한	thông minh 통 미잉	영어로?	Bằng tiếng Anh? 방 띠응 아잉
영문학	anh văn 아잉 반	영업하다.	kinh doanh 끼잉 좌잉
영상	hình ảnh 히잉 아잉	영웅	anh hùng 아잉 훙
영수증	hóa đơn 화 던	영원히	mãi mãi 미이 미이
영양을 주다.	bổ dưỡng 보 즈엉	영원히 떠나다.	đi biệt 디 비엣
영어	tiếng Anh 띠응 아잉	영토내(국토)	nội địa 노이 디아

영수증 좀 주세요.
Cho tôi xin hóa đơn.
조 또이 씬 화 던

영어 할 줄 아세요?
Chị có biết nói tiếng Anh không?
찌 꼬 비엣 노이 띠응 아잉 콩

영어로 이야기하다.
nói chuyện bằng tiếng Anh
노이 쭈엔 방 띠응 아잉

영어학원비
tiền học tiếng Anh
띠엔 혹 띠응 아잉

영업 액에 따라 세금을 납부해야한다.
Phải đóng thuế theo doanh thu.
파이 동 투에 태오 좌잉 투

영향	ảnh hưởng 아잉 흐엉	예(보기)	ví dụ 비 주
영화	phim 핌	예금통장	phiếu gửi tiền 피에우 그이 띠엔
영화를 보다.	xem phim 쌤 핌	예매권	vé trả trước 배 짜 쯔억
영화제	liên hoan phim 리엔 호안 핌	예물	lễ vật 레 벗
옆의	bên cạnh 벤 까잉	예방하다.	đề phòng 데 퐁

영하 / 영하 11도 — âm / âm 11℃
엄 / 엄 무어이 못 쎄

영화가 싱겁다. — bộ phim nhạt nhẽo
보 핌 냣 냬오

영화를 촬영하다. — quay phim
꽈이 핌

예를 드세요. — Hãy lấy ví dụ đi.
하이 러이 비 주 디

예를 들자면. — lấy ví dụ, chẳng hạn
러이 비 주, 짱 한

예방 접종서 — giấy kiểm dịch
져이 끼엠 직

예방 주사를 맞다 — tiêm phòng
띠엠 퐁

ㅇ

예배	thờ cúng 터 꿍	예의 있게	lịch sự 릭 쓰
예보하다.(날씨)	dự báo 즈 바오	예의가 없는	bất lịch sự 벗 릭 쓰
예쁘다.	xinh 씨잉	예의를 지키다.	giữ lịch sự 즈 릭 쓰
예산	ngân sách 응언 싸익	예전에	trước đây 쯔억 더이
예술	nghệ thuật 응에 투엇	예측하다.	dự đoán 즈 도안
예술가	nghệ sĩ 응에 씨	옐로우 카드	thẻ vàng 태 방
예약하다.	đặt trước 닷 쯔억	옛날	ngày xưa 응아이 쓰어

예뻐 보이네요. Trông chị đẹp lắm.
쫑 찌 댑 람

예쁜 사람이라고 들었어요.
Em có nghe nói chị rất đẹp.
앰 꼬 응애 노이 찌 젓 댑

예술가이실 것 같아요. Chắc chị là một nghệ sĩ.
짝 찌 라 못 응에 씨

예의상 그런 거죠. Lịch sự đấy mà.
릭 쓰 더이 마

오(감탄)	ồ 오	오는(시기)	tới 떠이
오(숫자)	năm 남	오늘	hôm nay 홈 나이

오는 길에 계란 사와.
Trên đường về, hãy mua trứng gà nhé.
쩬 드엉 베, 하이 무어 쯩 갸 냬

오는 길이 편했어요?
Trên đường đi thuận lợi chứ ạ?
쩬 드엉 디 투언 러이 쯔 아

오늘 가시나요?
Hôm nay chị đi à?
홈 나이 찌 디 아

오늘 고마웠어요.
Cảm ơn chị vì ngày hôm nay.
깜 언 찌 비 응아이 홈 나이

오늘 공기가 맑아요.
Hôm nay không khí trong lành.
홈 나이 콩 키 쫑 라잉

오늘 날씨가 나빠요
Hôm nay thời tiết xấu.
홈 나이 터이 띠엣 써우

오늘 날씨가 좋아요
Hôm nay thời tiết tốt.
홈 나이 터이 띠엣 뚯

오늘 예뻐 보이네요.
Hôm nay trông chị đẹp lắm.
홈 나이 쫑 찌 댑 람

ㅇ

오늘 길에	trên đường về 쩬 드엉 베	오늘밤에	tối nay 또이 나이
오늘날	hiện nay 히엔 나이	오다.	tới 떠이

오늘 오후는 쉬어. 집에 있을 거야.
Chiều nay nghỉ, tôi ở nhà.
찌에우 나이 응이, 또이 어 냐

오늘 일을 끝냈어요?
Hôm nay đã xong việc chưa ạ?
홈 나이 다 쏭 비역 쯔어 아

오늘 재미없었어.
Hôm nay không vui.
홈 나이 콩 부이

오늘 정말 재밌다.
Hôm nay rất vui.
홈 나이 젓 부이

오늘 즐거웠어요.
Ngày hôm nay khá nhỉ.
응아이 홈 나이 카 니

오늘은 내가 한 턱 낼게요.
Hôm nay tôi sẽ chiêu đãi.
홈 나이 또이 쌔 찌에우 다이

오늘은 당신 뜻대로 하세요.
Hôm nay chị được ưu tiên nhé.
홈 나이 찌 드억 유 띠엔 녜

오늘이 3번째야.
Hôm nay là lần thứ ba.
홈 나이 라 런 트 바

오락(물)	giải trí 쟈이 찌	오렌지 한쪽	múi cam 무이 깜
오래	lâu 러우	오르다.	đi lên 디 렌
오래됐지.	Lâu lắm rồi. 러우 람 조이	오르다.(가격)	tăng lên 땅 렌
오래된 친구	bạn cũ 반 꾸	오르다.(나무등)	leo lên 래오 렌
오랫동안	lâu dài 러우 자이	오른쪽	bên phải 벤 파이
오렌지	quả cam 꽈 깜	오리	con vịt 꼰 빗
오렌지 주스	nước cam 느억 깜	오만한	kiêu hãnh 끼에우 하잉

오래 가지 않다.
không kéo dài
콩 깨오 자이

오래 기다리게 해서 미안합니다.
Xin lỗi để các chị đợi lâu quá.
씬 로이 데 깍 찌 더이 러우 꽈

오래간만이예요.
Lâu lắm không được gặp chị.
러우 람 콩 드억 갑 찌

오른쪽으로 가야하는 거죠?
Tôi phải rẽ tay phải, phải không ạ?
또이 파이 재 따이 파이, 파이 콩 아

오빠, 형	anh trai 아잉 짜이	오월	tháng năm 탕 남
오빠, 형(호칭)	anh 아잉	오이	dưa chuột 즈어 쭈옷
오세요.	Hãy đến. 하이 덴	오전	buổi sáng 부오이 쌍
오염	ô nhiễm 오 니엠	오케스트라	dàn nhạc 잔 냑

오이로 팩을 하다.
đắp mặt bằng dưa chuột
답 맛 방 즈어 쭈옷

오지 않는다면
nếu không đến đây
네우 콩 덴 더이

오토바이 좀 봐주세요.(자리 비울동안)
Trông xe hộ tôi.
쫑 쌔 호 또이

오토바이가 무서워.
Tôi sợ xe máy.
또이 써 쌔 마이

오토바이로 여기에서 집까지 얼마나 걸려요?
Đi xe máy từ đây đến nhà chị mất bao lâu?
디 쌔 마이 뜨 더이 덴 냐 찌 멋 바오 러우

오토바이와 차가 추돌하다.
Xe máy và ôtô đã đâm nhau.
쌔 마이 바 오또 다 덤 냐우

오해하셨어요.
Chị hiểu lầm rồi.
찌 히에우 염 조이

오타	lỗi sai 로이 싸이	온라인	trực tuyến 쯕 뚜엔
오토바이	xe máy 쌔 마이	온수기	bình nóng lạnh 비잉 농 라잇
오프너	cái mở nắp 까이 머 납	온화한	dịu dàng 쥬 장
오해하다.	hiểu lầm 히에우 염	올 거죠?	Chị sẽ đến chứ? 찌 쌔 덴 쯔
오후	buổi chiều 부오이 찌에우	올가미	bẫy 버이
옥(보석)	ngọc 응옥	올림픽	thế vận hội 테 번 호이
옥수수	ngô 응오	올해	năm nay 남 나이
온도	nhiệt độ 니엣 도	옮기다.	di chuyển 지 쭈엔
온도계	nhiệt kế 니엣 께	옳다.	đúng 둥
온도를 재다.	cặp nhiệt độ 깝 니엣 도	옷	quần áo 꿘 아오

올해 몇 살이세요?

Chị năm nay bao nhiêu tuổi rồi ạ?

찌 남 나이 바오 니에우 뚜어이 조이 아

ㅇ

옷가게 cửa hàng quần áo 끄어 항 꿘 아오	옷을 입다. mặc quần áo 막 꿘 아오
옷감 vải 바이	옷을 짜다. vắt quần áo 밧 꿘 아오
옷걸이 mắc áo 막 아오	옷이 끼다. áo chật 아오 쩟
옷을 다리다. là quần áo 라 꿘 아오	와이셔츠 áo sơ mi 아오 써 미
옷을 맞추다. may quần áo 마이 꿘 아오	와인 rượu vang 즈어우 방
옷을 벗다. cởi quần áo 꺼이 꿘 아오	완고한 khó tính 코 띠잉
옷을 빨다. giặt quần áo 쟛 꿘 아오	완성되다. hoàn thành 호안 타잉

옷 따뜻하게 입어. Hãy mặc ấm vào.
하이 막 엄 바오

옷을 갈아입다. thay quần áo
타이 꿘 아오

옷을 빨고 있어요. Tôi đang giặt quần áo.
또이 당 쟛 꿘 아오

완벽한 hoàn toàn, hoàn
호안 또안, 호안

완벽한 타이밍이네. Đúng giờ thật.
둥 져 텃

완전한 hoàn hảo
호안 하오

왕래하다. đi lại
디 라이

왕에게 바치다. dâng lên vua
정 렌 부어

왜 그렇게 늦게 돌아왔어요?
Sao chị về muộn thế này?
싸오 찌 베 무온 테 나이

왜 그렇게 서둘러요? Sao chị vội đi làm thế?
싸오 찌 보이 디 람 테

왜 그렇게 자꾸 재촉해.
Sao cứ giục liên tục như thế.
싸오 끄 죽 리엔 뚝 느 테

왜 그렇지? Sao lại thế cơ chứ?
싸오 라이 테 꺼 쯔

왜 무슨 일인데? Có chuyện gì thế?
꼬 쭈엔 지 테

왜 미리 말을 안했어. Sao không nói trước.
싸오 콩 노이 쯔억

왜 어제 일을 쉬었어요?
Tại sao hôm qua chị nghỉ làm?
따이 싸오 홈 꽈 찌 응이 람

왜 이렇게 느린 거야.(컴퓨터) Sao máy chậm thế này.
싸오 마이 쩜 테 나이

왕복의	khứ hồi 크 호이	왕위를 빼앗다.	đoạt vị 돳 비
왕복표	vé khứ hồi 배 크 호이	왕의 무덤	lăng mộ vua 랑 모 부어

왜 이렇게 사람이 많은 거야.
Sao đông người thế này.
싸오 동 응어이 테 나이

왜 이렇게 오래 길이 막히는 거야.
Sao tắc đường lâu thế này.
싸오 딱 드엉 러우 테 나이

왜 저것도 좋은데.
Như thế cũng được rồi.
느 테 꿍 드억 조이

왜 절 따라 오시는 거예요?
Tại sao chị cứ phải đi theo em?
따이 싸오 찌 끄 파이 디 태오 앰

왜 한숨 쉬고 있어?
Sao lại thở dài?
싸오 라이 터 자이

왜?
Tại sao? Sao thế?
따이 싸오, 싸오 테

왜냐면 걸으려고 하지 않으니까.
Tại vì họ không chịu đi bộ.
따이 비 호 콩 찌우 디 보

왠지 알아요?
Chị biết tại sao không?
찌 비엣 따이 싸오 콩

왕자 hoàng tử
황 뜨

왜 tại sao, vì sao
따이 싸오, 비 싸오

왜 안 돼? Tại sao không?
따이 싸오 콩

외교 ngoại giao
응와이 쟈오

외교관 nhà ngoại giao
냐 응와이 쟈오

외교단 đoàn ngọai giao
도안 응와이 쟈오

외국 nước ngoài
느억 응와이

외국어 ngoại ngữ
응와이 응으

외국인 người nước ngoài
응어이 느억 응와이

외로이 cô đơn
꼬 던

외모 bề ngoài
베 응와이

외무부 bộ ngoại giao
보 응와이 쟈오

외상 chấn thương
쩐 트엉

외식하다. ăn hàng
안 항

외진(벽촌) hẻo lánh
해오 라잉

외침(침략) ngoại xâm
응와이 썸

외국회사 công ty nước ngoài
꽁 띠 느억 응와이

외상 되요? Mua chịu được không?
무어 찌우 드억 콩

외장하드(전산) ổ cứng cầm tay
오 끙 껌 따이

외출중이다. đang ở ngoài, đi vắng
당 어 응와이, 디 방

ㅇ

외할머니	bà ngoại 바 응와이	왼편	bên trái 벤 짜이
외할아버지	ông ngoại 옹 응와이	요괴	yêu quái 이에우 꽈이
외화	ngoại tệ 응와이 떼	요구르트	sữa chua 쓰어 쭈어
왼손	tay trái 따이 짜이	요구하다.	yêu cầu 이에우 꺼우
왼쪽	bên trái 벤 짜이	요금	cước phí 끄억 피
왼쪽으로	sang trái 쌍 짜이	요금을 내다.	đóng thuế 동 투에

왼편에 있는 것이 — bên tay trái là
벤 따이 짜이 라

요구를 만족시켜 드릴 수 있습니다.
Yêu cầu của chị có thể đáp ứng được.
이에우 꺼우 꾸어 찌 꼬 테 답 응 드억

요구를 만족시키다. — đáp ứng được yêu cầu
답 응 드억 이에우 꺼우

요리 잘하세요? — Chị nấu ăn có ngon không ạ?
찌 너우 안 꼬 응온 콩 아

요리하고 있어. — Tôi đang nấu ăn.
또이 당 너우 안

요리	món ăn 몬 안	요소들	các yếu tố 깍 이에우 또
요리법	cách nấu 까익 너우	요약	tóm tắt 똠 땃
요리하다.	nấu ăn 너우 안	요즘	dạo này 자오 나이
요소	thành phần 타잉 펀	욕실	phòng tắm 퐁 땀

요즘 다시 자전거를 타기 시작했다.
Hiện nay, tôi bắt đầu đi xe đạp lại.
히엔 나이, 또이 밧 더우 디 쌔 답 라이

요즘 살찌신 것 같아요.
Dạo này trông chị tăng cân thì phải!
자오 나이 쫑 찌 땅 껀 티 파이

요즘 어떻게 지내?
Dạo này thế nào?
자오 나이 테 나오

요즘 자연재해가 자주 일어난다.
Dạo này hay xảy ra thiên tai.
자오 나이 하이 싸이 자 티엔 따이

요즘은 정말 덥다.
Dạo này, trời nắng thật!
자오 나이, 쩌이 낭 텃

욕심도 많네.
Sao mà tham thế!
싸오 마 탐 테

욕심	lòng tham 롱 탐	용띠	tuổi rồng 뚜어이 종
욕심이 많은	tham quá 탐 꽈	용법	cách dùng 까익 중
용(동물)	con rồng 꼰 종	용서하다.	châm chước 쩜 쯔억
용감하다.	dũng cảm 중 깜	우	tiến triển 띠엔 찌엔
용돈	tiền tiêu vặt 띠엔 띠에우 밧	우기	mùa mưa 무어 므어

우리 같이 놀러가자.
Chúng ta đi chơi nhé.
쭝 따 디 쩌이 내

우리 내기 했거든.
Chúng tôi đã cá với nhau.
쭝 또이 다 까 버이 냐우

우리 모두 그렇지.
Chúng ta ai cũng thế mà.
쭝 따 아이 꿍 테 마

우리 뭐 먼저 하지?
Chúng ta làm gì trước?
쭝 따 람 지 쯔억

우리 어떻게 하지?
Chúng ta làm sao đây?
쭝 따 람 싸오 더이

우리 집에 놀러와.
Đến nhà tôi chơi nhé.
덴 냐 또이 쩌이 내

우리 집에 올 거죠?
Chị sẽ đến nhà tôi chứ?
찌 쌔 덴 냐 또이 쯔

우리 테니스 칠래요?
Chúng ta đi chơi quần vợt có được không?
쭝 따 디 쩌이 뀐 벗 꼬 드억 콩

우리 함께 배드민턴 치러 가요.
Chúng ta đi đánh cầu lông đi.
쭝 따 디 다잉 꺼우 롱 디

우리(듣는 사람포함 않음) chúng tôi
쭝 또이

우리(듣는 사람포함) chúng ta
쭝 따

우리가 친구가 된다면 좋을 거야.
Nếu chúng ta kết bạn được thì hay quá.
네우 쭝 따 껫 반 드억 티 하이 꽈

우리끼리만? Chỉ chúng ta thôi à?
찌 쭝 따 토이 아

우리는 같이 일할 것이다.
Chúng tôi sẽ làm việc với nhau.
쭝 또이 쌔 람 비엑 버이 냐우

우리는 부부예요. Chúng tôi là vợ chồng.
쭝 또이 라 버 쫑

우리는 안 지 오래 됐어요.
Chúng tôi biết nhau lâu rồi.
쭝 또이 비엣 냐우 러우 조이

우리의 협력관계가 유쾌하기를 기대합니다.
Hy vọng chúng ta sẽ có quan hệ hợp tác vui vẻ.
히 봉 쭝 따 쌔 꼬 꽌 헤 헙 딱 부이 배

우대가격 giá hữu nghị
쟈 휴 응이

우대하다. ưu đãi
유 다이

우렁(동물) con ốc
꼰 옥

우리보다 hơn chúng ta
헌 쭝 따

우물 giếng
지응

우박 mưa đá
므어 다

우비 áo mưa
아오 므어

우산 ô
오

우선 trước hết
쯔억 헷

우선순위 thứ tự ưu tiên
트 뜨 유 띠엔

우스운 hài
하이

우승자 vô địch
보 딕

우린 가지 않기로 결정했다.
Chúng tôi đã quyết định không đến.
쭝 또이 다 꾸엣 딕 콩 덴

우린 공통점이 많아.
Chúng ta có nhiều điểm giống nhau.
쭝 따 꼬 니에우 디엠 죵 냐우

우산 가지고 가세요.
Hãy mang theo ô đi.
하이 망 태오 오 디

우승을 거머쥐다.
đoạt chức vô địch
돳 쯕 보 딕

우연의 일치네.
Trùng hợp nhỉ?
쭝 헙 니

우승팀	đội vô địch 도이 보 딕
우아하다.	nhã nhặn 냐 냔
우아한	có duyên 꼬 주엔
우연	may rủi 마이 주이
우연히	ngẫu nhiên 응어우 니엔
우울한	buồn 부온
우울해.	Tôi rất buồn. 또이 젓 부온
우월감	tự tôn, mặc cảm 뜨 똔, 막 깜
우유	sữa 쓰어
우정	tình bạn 띠잉 반
우주선	tàu vũ trụ 따우 부 쭈
우주인	nhà du hành vũ trụ 냐 주 하잉 부 쭈
우체국	bưu điện 뷰 디엔
우체부	người đưa thư 응어이 드어 트
우체통	hòm thư 홈 트
우표	tem 땜
우표를 붙이다.	dán tem 잔 땜
우회전금지	cấm rẽ phải 껌 재 파이
우회전하다.	rẽ phải 재 파이
운동경기	môn điền kinh 몬 디엔 끼잉
운동종목	môn thể thao 몬 테 타오
운동하다.	tập thể dục 떱 테 죽

운수 좋은 날이네 — Hôm nay số đỏ.
홈 나이 쏘 도

운동화	giày thể thao 쟈이 테 타오
운반하다.	vận chuyển 번 쭈엔
운송비	phí vận chuyển 피 번 쭈엔
운송하다.	vận tải 번 따이
운이 없는	số đen 쏘 댄
운이 좋다.	sướng, số đỏ 쓰엉, 쏘 도
운이 좋은데.	May quá! 마이 꽈
운전면허증	bằng lái xe 방 라이 쌔
운전사	người lái xe 응어이 라이 쌔
운전하다.	lái xe 라이 쌔
운하	kênh 께잉
울다.	khóc 콕
울지 마.	Đừng khóc. 등 콕
움직이다.	di chuyển 지 쭈엔
웃기는	buồn cười 부온 끄어이
웃기는 농담	chuyện cười 쭈엔 끄어이

운이 없는 날이네. — Hôm nay số đen quá.
홈 나이 쏘 댄 꽈

운전을 위험하게 했어요. — Anh đi liều quá.
아잉 디 리에우 꽈

원래계획은 이틀 밤이다.
Đúng theo kế hoạch là 2 đêm
둥 태오 께 화익 라 하이 뎀

웃기지?	Buồn cười nhỉ? 부온 끄어이 니	원인	nguyên nhân 응우엔 년
웃다.	cười 끄어이	원장	viện trưởng 비엔 쯔엉
웅장하다.	tráng lệ 짱 레	원점	cội nguồn 꼬이 응우온
원	vòng 봉	원조하다.	tài trợ 따이 쩌
원금	tiền vốn 띠엔 본	원주(둘레)	đường tròn 드엉 쫀
원료	nguyên liệu 응우엔 리에우	원천	nguồn gốc 응우온 곡
원숭이	con khỉ 꼰 키	원피스	váy liền 바이 리엔
원시의	nguyên thủy 응우엔 투이	원하는 대로	tuỳ 뚜이
원앙새	chim oanh 찜 와잉	원형의	tròn 쫀

원샷(술자리)	trăm phần trăm 짬 펀 짬
원하는 대로 잘되길 바랍니다.	Chúc vạn sự như ý. 쭉 반 쓰 느 이
월급날이 오다.	đến ngày lĩnh lương 덴 응아이 리잉 르엉

ㅇ

월경이 있다.	có kinh 꼬 끼잉
월권하다.	vượt quyền 브엇 꾸엔
월급	lương 르엉
월급날	ngày lĩnh lương 응아이 리잉 르엉
월말	cuối tháng 꾸오이 탕
월요일	thứ hai 트 하이
웨이터	người phục vụ 응어이 푹 부
웨이트리스	cô phục vụ 꼬 푹 부
웹디자인하다.	thiết kế web 티엣 께 웹
위(방향)	trên 쩬
위(신체)	dạ dày 자 자이
위가 아프다.	bệnh dạ dày 버익 자 자이
위대한	vĩ đại 비 다이
위로하다.	an ủi 안 우이
위반하다.	vi phạm 비 팜
위신	uy tín 우이 띤
월세를 내다.	nộp tiền thuê nhà 놉 띠엔 투에 냐
웹디자이너	người thiết kế web 응어이 티엣 께 웹
위산(의학)	axít trong dạ dày 아씻 쫑 자 자이
위층 살아.	Tôi sống ở tầng trên. 또이 쏭 어 떵 쩬

위안하다.	an ủi 안 우이
위원장	trưởng ban 쯔엉 반
위원회	ủy ban 우이 반
위조하다.	giả mạo 쟈 마오
위층	ở tầng trên 어 떵 쩬
위치	vị trí 비 찌
위치하다.	ở vị trí 어 비 찌
위치해 있다.	nằm 남
위한	dành cho 자잉 쪼
위험한	nguy hiểm 응우이 히엠
위협하다.	đe dọa 대 좌
유감스럽다.	đáng tiếc 당 띠엑
유격병	du kích 주 끽
유교	nho giáo 뇨 쟈오
유능한	được việc 드억 비역
유니폼	trang phục công sở 짱 푹 꽁 써
유가 증권(양도할 수 있는)	giá chứng khoán 자 쯩 콴
유교의 영향을 받다.	chịu ảnh hưởng của nho giáo 찌우 아잉 흐엉 꾸어 뇨 쟈오
유명배우	diễn viên nổi tiếng 지엔 비엔 노이 띠응
유명해지기 시작하다.	bắt đầu nổi tiếng 밧 더우 노이 띠응

유럽	châu Âu 쩌우 어우	유월	tháng sáu 탕 싸우
유리	kính 끼잉	유익하다.	có lợi 꼬 러이
유리한	thuận lợi 투언 러이	유일한	duy nhất 주이 녓
유명인사	danh nhân 사잉 년	유적	di tích 지 띡
유명한	nổi tiếng 노이 띠응	유전의	di truyền 지 쭈엔
유사시	có chuyện 꼬 쭈엔	유지하다.	giữ gìn 즈 진
유사한	tương tự 뜨엉 뜨	유창한	thành thạo 타잉 타오
유산(재산)	tài sản 따이 싼	유치한	trẻ con, ấu trĩ 째 꼰, 어우 찌
유언	di chúc 지 쭉	유쾌한	tươi tắn 뜨어이 딴
유언으로 남겨주다.	chúc thư 쭉 트	유통	lưu thông 류 통
유용한	bổ ích 보 익	유학가다.	du học 주 혹

유행을 타지 않다.	không lỗi mốt 콩 로이 못

유한의 hữu hạn
휴 한

유행성감기 cúm
꿈

유행하는 hợp thời trang
헙 터이 짱

유형 loại hình
롸이 히잉

유혹하다. rủ rê
주 제

육(숫자) sáu
싸우

육교 cầu vượt
꺼우 브엇

육로 đường bộ
드엉 보

육상 các môn điền kinh
깍 몬 디엔 끼잉

육수 nước dùng
느억 중

은(금속) bạc
박

은근히 아프다. bị đau âm ỉ
비 다우 엄 이

은메달 huy chương bạc
휘 쯔엉 박

은퇴하다. về hưu
베 휴

육상선수 vận động viên điền kinh
번 동 비엔 디엔 끼잉

육체노동 lao động tay chân
라오 동 따이 쩐

은행의 대출을 받는 것은 매우 어렵다.
Vay được tiền của ngân hàng rất khó.
바이 드억 띠엔 꾸어 응언 항 젓 코

음력은 모든 나라가 똑같은 줄 알았어.
Tôi đã tưởng rằng lịch âm của các nước đều giống nhau.
또이 다 뜨엉 장 릭 엄 꾸어 깍 느억 데우 죵 나우

은행	ngân hàng 응언 항
음력	âm lịch 엄 릭
음력날짜	lịch âm 릭 엄
음료수	nước uống 느억 우엉
음색(노래)	giọng hát 지엉 핫
음식	thức ăn 특 안
음식점	nhà hàng 냐 항
음식점에는	ở nhà hàng 어 냐 항
음악	âm nhạc 엄 냑
음악가	nhạc sĩ 냑 씨
음악을 듣다.	nghe nhạc 응애 냑
음절	âm tiết 엄 띠엣

음식 괜찮죠? Đồ ăn có ngon không?
도 안 꼬 응온 콩

음식을 골라보세요. Chị chọn món ăn đi.
찌 쫀 몬 안 디

음식을 주문하다. gọi món ăn
고이 몬 안

의가형제(드라마이름) anh em nhà bác sĩ
아잉 앰 냐 박 씨

의미가 있다. / 그녀에겐 의미 있는 건 아네요.
có nghĩa / Đối với chị ấy có nghĩa gì đâu.
꼬 응이아 / 도이 버이 찌 어이 꼬 응이아 지 더우

음표	nốt nhạc 놋 냑	의견	ý kiến 이 끼엔
음향	âm thanh 엄 타잉	의도	ý định 이 딕
응(대답)	ừ, có 으, 꼬	의례	lễ nghi 레 응이
응급치료하다.	cấp cứu 껍 끄	의문	nghi ngờ 응이 응어
응원하다.	cổ vũ 꼬 부	의미	nghĩa 응이아

의욕상실이야. Chẳng muốn làm gì cả.
짱 무온 람 지 까

의자칸 기차표(뒤로 젖혀지는) vé ghế nằm
배 게 남

의자칸 기차표(앉아가는) vé ghế ngồi
배 게 응오이

이 근처에 어느 은행이 있습니까?
Gần đây có ngân hàng nào không ạ?
건 더이 꼬 응언 항 나오 콩 아

이 길 따라 theo đường này
태오 드엉 나이

이 길 따라 쭉 가세요.
Xin đi thẳng theo đường này.
씬 디 탕 태오 드엉 나이

의사(직업)	bác sĩ 박 씨	의지가 굳은	cứng rắn 끙 잔
의심하다.	nghi ngờ 응이 응어	의지하다.	dựa 즈어
의자	ghế 게	의학	y học 이 혹

이 병에 담긴 것은 무슨 양념이에요?
Lọ này đựng gia vị gì vậy?
로 나이 등 쟈 비 지 버이

이 열차는 언제 호찌밍에 도착합니까?
Chuyến tàu này bao giờ đến Hồ Chí Minh?
쭈엔 따우 나이 바오 져 덴 호 찌 미잉

이 옷을 입으세요.
Hãy mặc cái áo này đi.
하이 막 까이 아오 나이 디

이 음식은 향채와 같이 먹어.
Món này ăn cùng với rau thơm.
몬 나이 안 꿍 버이 자우 텀

이 회사 일은 내가 다 하는 거야?
Chẳng lẽ tôi phải làm hết việc của công ty này à?
짱 레 또이 파이 람 헷 비역 꾸어 꽁 띠 나이 아

이거 내거야.
Cái này là của tôi.
까이 나이 라 꾸어 또이

이거 어때요?
Cái này thế nào?
까이 나이 테 나오

이 닦다. đánh răng
다잉 장

이 지역 khu vực này
쿠 븍 나이

이건 괜찮죠? Cái này không sao chứ?
까이 나이 콩 싸오 쯔

이건 내 짐작이니까 정확하진 않아.
Vì đây chỉ là phỏng đoán của tôi nên chưa chính xác.
비 더이 찌 라 퐁 도안 꾸어 또이 넨 쯔어 찌잉 싹

이건 뭐로 만든 거예요? Cái này làm từ cái gì?
까이 나이 람 뜨 까이 지

이건 좀 크네. Cái này hơi to.
까이 나이 허이 또

이걸 뭐라고 불러요? Cái này gọi là gì?
까이 나이 고이 라 지

이걸 베트남어로 뭐라고 불러요?
Cái này tiếng việt gọi là gì?
까이 나이 티응 비엣 고이 라 지

이걸로 살게요. Tôi mua cái này.
또이 무어 까이 나이

이것은 무엇이예요? Cái này là cái gì?
까이 나이 라 까이 지

이것이 당신의 노트북이예요?
Đây có phải là máy tính xách tay của chị không?
더이 꼬 파이 라 마이 띠잉 싸익 따이 꾸어 찌 콩

ㅇ

이 지역에 tại khu vực này 따이 쿠 븍 나이	이(치아) rằng 장
이(숫자) hai 하이	이가 썩다. sâu răng 써우 장

이것저것 다 넣어주세요. Cho tôi tất cả mọi thứ.
조 또이 떳 까 모이 트

이것저것 섞어서 만동어치 주세요.
Cho tôi 1 xuất 10000, thức ăn gì cũng được ạ.
조 또이 못 쑤엇 므어이 응인, 특 안 지 꿍 드억 아

이게 아니라 không phải cái này mà là
콩 파이 까이 나이 마 라

이곳에서 송금이 가능하나요?
Ở đây có nhận gửi tiền không?
어 더이 꼬 년 그이 띠엔 콩

이나 / 10만 동 이나
tận những / tận những 100000 Đ
떤 능 / 딴 능 못 짬 응인 동

이러면 안 되잖아. Không phải thế này chứ.
콩 파이 테 나이 쯔

이런 건 처음 보는 건데, 어디에 쓰는 거야?
Lần đầu tiên chứng kiến cảnh này, để làm gì?
런 더우 띠엔 쯩 끼엔 까잉 나이, 데 람 지

이런 방은 하루에 얼마예요?
Loại phòng này bao nhiêu tiền một ngày?
롸이 퐁 나이 바오 니에우 띠엔 못 응아이

이것	cái này 까이 나이	이라크	Irắc 이락
이기적인	ích kỷ 익 끼	이런 것	cảnh này 까잉 나이
이끌다.	chỉ dẫn 찌 전	이륙하다.	cất cánh 껏 까잉

이런 조리 스타일을 뭐라고 부릅니까?
Nấu kiểu này gọi là gì?
너우 끼에우 나이 고이 라 지

이런, 메스꺼워.
trời, gớm quá!
쩌이, 검 꽈

이렇게
thế này, như thế này
테 나이, 느 테 나이

이렇게 갑자기 얘기하면 어떻게 해?
Nói bất ngờ thế này. thì làm thế nào?
노이 벗 응어 테 나이, 티 람 테 나오

이렇게 작성하는 것이 맞습니까?
Tôi viết thế này có đúng không?
또이 비엣 테 나이 꼬 둥 콩

이렇게 하면
nếu làm thế này
네우 람 테 나이

이를 닦고 자다.
đánh răng rồi đi ngủ
다잉 장 조이 디 응우

이름은 모르겠어.
Tôi không nhớ tên.
또이 콩 녀 뗀

이를 뽑다.	nhổ răng 뇨 장	이름을 짓다.	đặt tên 닷 뗀
이름	tên 뗀	이름전체	họ tên 호 뗀
이름을 적다.	ghi tên 기 뗀	이마	trán 짠

이리와 봐. 할 말이 있어.
Em đến đây. Chị bảo cái này.
앰 덴 더이, 찌 바오 까이 나이

이메일 쓰는 것을 부탁하다. Chị nhờ em viết e-mail.
찌 녀 앰 비엣 이메일

이면지(절약용) giấy tận dụng
져이 떤 중

이면지 쓰세요. Hãy dùng giấy tận dụng.
하이 중 져이 떤 중

이미 4달을 베트남에서 살았다.
Tôi đã sống ở Việt Nam bốn tháng.
또이 다 쏭 어 비엣 남 본 탕

이번 여행이 성공하시길 빕니다.
Chúc chị có chuyến đi thành công.
쭉 찌 꼬 쭈엔 디 타잉 꽁

이번 주말에 한국에 돌아가려고 해요.
Cuối tuần này tôi sẽ về Hàn Quốc.
꾸오이 뚜언 나이 또이 쌔 베 한 꿕

이메일을 보내다.	gửi e-mail 그이 이메일	이번	lần này 런 나이
이면(뒷면)	mặt trái 맛 짜이	이불	chăn 짠
이모	dì 지	이불을 깔다.	trải giường 짜이 즈엉
이민	di dân 지 전	이사하다.	dọn nhà 존 냐
이발하다.	cắt tóc 깟 똑	이상(소망)	lý tưởng 리 뜨엉

이번에 와보니 베트남이 많이 현대화됐어요.
Lần này đến, Việt Nam đã hiện đại hơn nhiều.
런 나이 덴, 비엣 남 다 히엔 다이 헌 니에우

이번이 두 번째야.
Đây là lần thứ hai.
더이 라 런 트 하이

이번이 마지막이야.
Đây là lần cuối.
더이 라 런 꾸오이

이사 들어가다.
dọn nhà vào
존 냐 바오

이상 / 이십 명 이상
tận / tận 20 người
떤 / 떤 하이 므어이 응어이

이상한 사람이네.
Chị ấy khác thường lắm.
찌 어이 칵 트엉 람

이상하게 운전하다. lái xe lạ
라이 쌔 라

이상한 lạ
라

이서하다. ký phía sau
끼 피아 싸우

이성 lẽ phải
래 파이

이슈 vấn đề
번 데

이슬람 hồi giáo
호이 쟈오

이쑤시개 tăm
땀

이야기 câu chuyện
꺼우 쭈엔

이야기를 하다. kể chuyện
께 쭈엔

이야기하다. nói chuyện
노이 쭈엔

이열치열 lấy độc trị độc
러이 독 찌 독

이와 동시에 trong khi đó
쫑 키 도

이야기할 수 있도록 하다. / 히엔씨와 통화할 수 있을까요?
cho nói chuyện / Làm ơn cho nói chuyện với chị Hiền.
쪼 노이 쭈엔 / 람 언 쪼 노이 쭈엔 버이 찌 히엔

이윤 중 10%를 공제할 수 있습니다.
Chị có thể trích mười phần trăm trong số lãi.
찌 꼬 테 찍 므어이 펀 짬 쫑 쏘 라이

이윤을 5% 나눠 줄 수도 있어요.
Em có thể chia cho chị 5% tiền lời.
앰 꼬 테 찌아 조 찌 남 펀 짬 띠엔 러이

이윤이 높지 않다. lãi không nhiều
라이 콩 니에우

이웃 hàng xóm
항 쏨

이월(달) tháng hai
탕 하이

이유 lý do
리 조

이윤 lời, số lãi
러이, 쏘 라이

이자가 얼마나 되나요? Lãi suất bao nhiều?
라이 쑤엇 바오 니에우

이전처럼 피곤하진 않아요.
Không còn mệt như mấy hôm trước.
콩 꼰 멧 느 머이 홈 쯔억

이제 그만 가야해. Thôi tôi đi đây.
토이 또이 디 더이

이제 그만 끊자.(전화) Thôi cúp máy nhé.
토이 꿉 마이 녜

이제 어떻게 하지? Làm thế nào bây giờ?
람 테 나오 버이 져

이제나저제나 하고 기다렸다. Tôi đã thấp thỏm chờ.
또이 다 텁 톰 쩌

이젠 익숙해요. Bây giờ cũng quen rồi.
버이 져 꿍 꾸앤 조이

이쪽으로 이사 온 지 얼마나 되셨어요?
Chị dọn về đây lâu chưa?
찌 존 베 더이 러우 쯔어

이체송금 chuyển tiền tài khoản khác
쭈엔 띠엔 따이 콴 칵

이율(저금) lãi suất
라이 쑤엇

이자 tiền lãi
띠엔 라이

이전에 trước kia
쯔억 끼아

이제 충분해요. Thôi đủ rồi!
토이 누 조이

이주하다. di cư
지 끄

이층버스 xe buýt hai tầng
쌔 뷧 하이 떵

이치에 맞지 않는 vô lý
보 리

이해하기 쉬운 dễ hiểu
제 히에우

이해하기 힘든 khó hiểu
코 히에우

이해하다. hiểu
히에우

이코노미 클래스 ghế hạng nhì
게 항 니

이하 / 30이하 dưới / dưới 30
즈어이 / 즈어이 바 므어이

이하 / 6세 이하 dưới / dưới 6 tuổi
즈어이 / 즈어이 싸우 뚜어이

이해가 안되다. không hiểu
콩 히에우

이해하다.(어려운 상황을) thông cảm
통 깜

이해하셨어요? Có hiểu không ạ?
꼬 히에우 콩 아

이해해 주세요. Xin thông cảm cho.
씬 통 깜 쪼

한국어	베트남어	발음
이해했어?	Có hiểu không?	꼬 히에우 콩
이혼	ly hôn	리 혼
익명의	không tên	콩 뗀
익살스러운	hài hước	하이 흐억
익숙하지 않은	không quen	콩 꾸앤
익숙한(문화)	quen	꾸앤
익숙해지다.	làm quen	람 꾸앤
익힌(완전히)	chín kỹ	찐 끼
인계하다.(업무)	giao ban	쟈오 반
인구	dân số	전 쏘
인구수	số người	쏘 응어이
인내심	kiên trì	끼엔 찌
인도	Ấn Độ	언 도
인도(교통)	vỉa hè	비아 해
인류	nhân loại	년 롸이
인물	nhân vật	년 벗
인부	người làm	응어이 람
인사(만남)	chào hỏi	짜오 호이
인상	ấn tượng	언 뜨엉
인생	đời sống	더이 쏭
인쇄하다.	in	인
인식하다.	hiểu biết	히에우 비엣
인분 / 삼 인분	người ăn / 3 người ăn	응어이 안 / 바 응어이 안

ㅇ

인용	trích đoạn 찍 돤	인파를 이루다.	đông người 동 응어이
인정하다.	thừa nhận 트어 년	인형	búp bê 붑 베
인 줄 알다.	đã tưởng rằng 다 뜨엉 장	인형극	múa rối 무어 조이
인 척 가장하다.	giả bộ 쟈 보	인화지	giấy in 져이 인
인출하다.	rút tiền 줏 띠엔	일	việc 비엳

인터넷이 죽었어.(속어) — Mạng chết rồi.
망 쩻 조이

일 권 있어요?(시리즈) — Có tập 1 không ạ?
꼬 떱 못 콩 아

일 때문에 오신건가요?
Chị sang Việt Nam chắc là để làm việc?
찌 쌍 비엣 남 짝 라 데 람 비엳

일 열심히 해. — Làm việc chăm chỉ vào.
람 비엳 짬 찌 바오

일 잘됐죠? — Mọi việc tốt chứ?
모이 비엳 뜻 쯔

일단 밥 드세요. — Chị ăn cơm đi đã!
찌 안 껌 디 다

일(숫자) một
못

일간신문 báo hàng ngày
바오 항 아이

일곱 번째 thứ bảy
트 바이

일곱(숫자) bảy
바이

일광욕하다. tắm nắng
땀 낭

일깨우다. nói cho biết
노이 쪼 비엣

일등급 hạng nhất
항 녓

일반적으로 nói chung
노이 쭝

일본 Nhật Bản
녓 반

일본어 tiếng Nhật
띠응 녓

일생동안 trên đời
쩬 더이

일시적인 tạm thời
땀 터이

일렬로 만들다. xếp thành hàng
쎕 타잉 항

일상용품 đồ dùng hàng ngày
도 중 항 아이

일어난 지 얼마나 되셨어요? Chị dậy lâu chưa?
찌 저이 러우 쯔어

일요일에 시간 있어?
Chủ nhật tuần này có rỗi không?
쭈 녓 뚜언 나이 꼬 조이 콩

일은 넘치는데 일 할 사람이 없어.
Công việc bừa bộn thế này mà chẳng có ai làm cả.
꽁 비역 브어 본 테 나이 마 짱 꼬 아이 람 까

일어나.	đứng lên 등 렌
일어나다.(잠)	dậy 저이
일어서다.	đứng 등
일요일	chủ nhật 쭈 녓
일월	tháng giêng 탕 지응
일을 그만두다.	nghỉ việc 응이 비역
일을 끝내다.	làm xong 람 쏭
일이 많이 남다.	bừa bộn 브어 본
일일이 세다.	kể 께
일자리를 구하다.	xin việc 씬 비역
일이 끝나고	sau khi làm xong 싸우 키 람 쏭
일이 너무 많아.	Không ngớt việc. 콩 응엇 비역
일이 다 해결되어 끝났지.	Giải quyết xong hết việc. 쟈이 꾸엣 쏭 헷 비역
일이 바쁘세요?	Công việc của chị có bận không? 꽁 비역 꾸어 찌 꼬 번 콩
일이 있어서 가봐야겠어.	Tôi có việc, phải đi rồi. 또이 꼬 비역, 파이 디 조이
일을 끝까지 하다.	làm đến cuối cùng 람 덴 꾸오이 꿍
일주일에 한번	một tuần một lần 못 뚜언 못 런

일제히 발사하다. loạt
롸

일찍 sớm
썸

일찍 일어나다. dậy sớm
저이 썸

일치하다. nhất trí
녓 찌

일하다. làm việc
람 비역

일하러 가다. đi làm
디 람

일회용밴드 dải băng
자이 방

잃다. mất
멋

잃어 버렸어? Đánh mất à?
다잉 멋 아

잃어버리다. bị mất
비 멋

임금 tiền lương
띠엔 르엉

임대료 tiền thuê
띠엔 투에

임대하다. thuê
투에

임명하다. cử
끄

임무 nhiệm vụ
니엠 부

임시의 tạm thời
땀 터이

임신 mang thai
망 타이

임신하다. có mang
꼬 망

읽다. / 이 책을 읽으세요.
đọc / Hãy đọc quyển sách này đi.
독 / 하이 독 꾸엔 싸익 나이 디

입니까? / 히엔씨 입니까?
có phải là~không? / Chị có phải là Hiền không?
꼬 파이 라 콩 / 찌 꼬 파이 라 히엔 콩

ㅇ

임업	lâm nghiệp 럼 응이엡	입어보다.	mặc thử 막 트
입	môi 모이	입을 벌리다.	há miệng 하 미응
입 냄새나다.	mồm hôi 몸 호이	입이 가벼운	bép xép 뱁 쌥
입구	cổng, lối vào 꽁, 로이 바오	입이 무겁다.	ít nói 잇 노이
입국카드	thẻ nhập cảnh 태 녑 까잉	입장권	vé vào cửa 배 바오 끄어
입국하다.	nhập cảnh 녑 까잉	입장료	phí vào cửa 피 바오 끄어
입다.(옷)	mặc 막	입찰하다.	đấu thầu 더우 터우
입맛에 맞다.	hợp khẩu vị 헙 커우 비	잇따른	liền 리엔

입맛에 맞으실지 모르겠어요.
Tôi không biết có hợp khẩu vị của chị không.
또이 콩 비엣 꼬 헙 커우 비 꾸어 찌 콩

입으면 편하다.
Khi mặc thì tôi cảm thấy rất thoải mái.
키 막 티 또이 깜 터이 젓 토아이 마이

잎으로 싸다.
gói bằng lá dong
고이 방 라 종

있어야 한다.	phải có 파이 꼬
잉크	mực 묵
잊고 자버리다.	ngủ quên 응우 꾸엔
잊다.	quên 꾸엔
잊어버려.	Thôi dẹp đi. 토이 잽 디
잎	lá 라

ㅈ

한국어-베트남어 단어장

자(사무용품)	thước kẻ 트억 깨
자다.	ngủ 응우
자동	tự động 뜨 동
자동차	ôtô 오또
자동차로 가다.	đi ôtô 디 오또
자두	quả mận 꽈 먼
자라다.	lớn lên 런 렌
자랑스럽다.	tự hào 뜨 하오
자료	tài liệu 따이 리에우
자르다.	cắt 깟
자리로 돌아가.	Về chỗ đi. 베 쪼 디
자막	phụ đề 푸 데
자매	chị em 찌 앰
자몽	quả bưởi 꽈 브어이
자물쇠로 잠그다.	khoá 콰
자발적인	tự nguyện 뜨 응우엔
자백하다.	tự thú 뜨 투
자본	vốn 본
자기소개를 하다.	tự giới thiệu 뜨 져이 티에우
자기소개서	cá nhân tự giới thiệu 까 년 뜨 져이 티에우
자루 / 펜 3자루	cây / 3 cây bút 꺼이 / 바 꺼이 붓

자산	tài sản 따이 싼
자세한	cặn kẽ 깐 깨
자손	con cháu 꼰 짜우
자식	người con 응어이 꼰
자신감을 가져.	Tự tin lên. 뜨 띤 렌
자신을 보호하다.	tự vệ 뜨 베
자신의	của mình 꾸어 미잉
자연	thiên nhiên 티엔 니엔
자연스럽게	tự nhiên 뜨 니엔
자연재해	thiên tai 티엔 따이
자유	tự do 뜨 조
자유형 수영	bơi tự do 버이 뜨 조
자세히 이야기하다.	tường thuật 뜨엉 투엇
자원봉사자	tình nguyện viên 띠잉 응우옌 비엔
자유저축예금	tài khoản tiết kiệm 따이 콴 띠엣 끼엠

자장면은 한국에선 흔하고 싼 음식이지만, 베트남에선 많이 먹지 못했다.
JaJangmeon là món ăn thông thường và rẻ ở Hàn Quốc, nhưng ở Việt Nam chúng tôi đã không thể ăn nó nhiều.
자장면 라 몬 안 통 트엉 바 재 어 한 꿕, 능 어 비엣 남 쭝 또이 다 콩 테 안 노 니에우

자전거	xe đạp 쌔 답	작동하다.	chạy 짜이
자존	tự tôn 뜨 똔	작문	bài luận 바이 루언
자주	thường xuyên 트엉 쑤엔	작문하다.	đặt câu 닷 꺼우
자주 발생하다.	hay xảy ra 하이 싸이 자	작별하다.	tạm biệt 땀 비엣
자주색	màu tía 머우 띠아	작업	công trình 꽁 찌잉
작가	nhà văn 냐 반	작용	tác động 딱 동
작년	năm ngoái 남 응와이	작은	nhỏ 뇨

자전거 타다가 넘어졌어.
Tôi đã bị ngã xe đạp.
또이 다 비 응아 쌔 답

자전거 타지 않아.
Tôi không đi xe đạp.
또이 콩 디 쌔 답

자주 가다.
thường xuyên đi
트엉 쑤엔 디

작별 인사하러 왔습니다.
Bây giờ em đến để chào tạm biệt chị.
버이 져 앰 덴 데 짜오 땀 비엣 찌

ㅈ

작은 길	đường nhỏ 드엉 뇨	잔디	cỏ 꼬
작은 눈	mắt híp 맛 힙	잔소리하다	khiển trách 키엔 짜익
작품	tác phẩm 딱 펌	잔업	làm thêm 람 템
잔고	số tiền còn thừa 쏘 띠엔 꼰 트어	잔치	tiệc, bữa tiệc 띠엑, 브어 띠엑

작은 돈으로 바꾸다. đổi tiền lẻ
도이 띠엔 래

작은 택시 하나 필요해요.
Tôi cần một chiếc taxi nhỏ.
또이 껀 못 찌엑 딱시 뇨

잔 / 우유 한잔 cốc / 1 cốc sữa
꼭 / 못 꼭 쓰어

잔돈으로 바꿔주세요. Đổi tiền lẻ cho tôi.
도이 띠엔 래 조 또이

잔잔한 음악(발라드)이 더 좋아요
Tôi thích nhạc nhẹ hơn.
또이 틱 냑 내 헌

잘 골라 와야해. Nhớ chọn kỹ nhé.
녀 쫀 끼 내

잘 곳이 필요하다. cần chỗ ngủ
껀 쪼 응우

잘 대해줘. Lịch sự nhé.
릭 쓰 내

잘 맞네요. Vừa quá.
브어 꽈

잘 맞다. vừa
브어

잘 먹다. ngon miệng
응온 미응

잘 아는 quen thuộc
꾸앤 투억

잘 자. Chúc ngủ ngon!
쭉 응우 응온

잘 자라다. chóng lớn
쫑 런

잘게 자르다. thái miếng
타이 미응

잘라내다. lược
루억

잘못 걸다. gọi nhầm
고이 념

잘못 생각하다. lầm
럼

잘못 이해하다. hiểu lầm
히에우 염

잘못하다. sai, sai trái
싸이, 싸이 짜이

잘하네. Giỏi lắm.
죠이 람

잘 먹어라. Hãy ăn cho tốt vào.
하이 안 쪼 뜻 바오

잘 사귀어 놔야지. Phải làm quen mới được.
파이 람 꾸앤 머이 드억

잘 잤어? Có ngủ ngon không?
꼬 응우 응온 콩

잘 진행하고 있습니다. Hòm hòm cả rồi ạ.
홈 홈 까 조이 아

잘못 들었어. Tôi nghe không rõ.
또이 응애 콩 조

잘하는	giỏi	죠이	잠자리에 들다.	đi ngủ	디 응우
잠그다.	khóa	콰	잠재력	tiềm năng	띠엠 낭
잠깐만요.	Khoan đã.	콴 다	잡다.	bắt	밧
잠깨다.	thức dậy	특 저이	잡다한	lặt vặt	랏 밧
잠시 동안	một chút	못 쭛	잡아 빼다.	rút ra	줏 자
잠이 안 오다.	mất ngủ	멋 응우	잡음	lạo xạo	라오 싸오
잠자리	con chuồn chuồn	꼰 쭈온 쭈온	잡지	tạp chí	땁 찌
잠자리(장소)	chỗ ngủ	쪼 응우	장 / 종이 한 장	tờ / 1 tờ	떠 / 못 떠

잘생겼다.(남자)	Đẹp trai quá.	댑 짜이 꽈
잠깐만 기다려줘.	Đợi một chút nhé.	더이 못 쭛 내
잠시 나갔다 올게요.	Tôi ra ngoài một tí.	또이 자 응와이 못 띠
잠을 잘 못자다.	không ngủ được	콩 응우 드억

장 / 표 두 장	vé / 2 vé 배 / 하이 배
장(신체)	ruột 주옷
장갑을 끼다.	đeo găng tay 대오 강 따이
장갑이 끼다.	găng tay chật 강 따이 쩟
장관	bộ trưởng 보 쯔엉
장기(체스)	cờ tướng 꺼 뜨엉
장기의(기간)	lâu dài 러우 자이
장난감	đồ chơi 도 쩌이
장래	tương lai 뜨엉 라이
장래에는	trong tương lai 쫑 뜨엉 라이
장려하다.	khuyến khích 쿠엔 키익
장롱	tủ áo 뚜 아오
장미	hoa hồng 화 홍
장보러 가다.	đi chợ 디 쩌
장소	chỗ 쪼
장식품	đồ trang sức 도 짱 쓱

장 / 벽돌 한 장	viên / 1 viên gạch 비엔 / 못 비엔 갸익
장기를 두다.	đánh cờ, chơi cờ 다잉 꺼, 쩌이 꺼
장부거래 하실 건가요?	Trả bằng cách ghi sổ nợ? 짜 방 까익 기 쏘 너
장사하기가 쉽지 않다.	Làm ăn buôn bán rất khó. 람 안 부온 반 젓 코

ㅈ

장식하다.	trang trí 짱 찌	재떨이	gạt tàn thuốc 갓 띤 투억
장작	củi 꾸이	재미없는	không hay 콩 하이
장점	ưu điểm 유 디엠	재미있는	thú vị, hấp dẫn 투 비, 헙 전
장치	thiết bị 티엣 비	재미있어?	có hay không? 꼬 하이 콩
장학금	học bổng 혹 봉	재미있을 것이다.	sẽ vui 쌔 부이
재검토하다.	xem lại 쌤 라이	재밌겠지?	Hay đấy nhỉ? 하이 더이 니
재난	thiên tai 티엔 따이	재밌다.	Hay quá. 하이 꽈
재능	năng khiếu, tài năng 낭 키에우, 따이 낭	재발하다.	tái phát 따이 팟
재다.	đo 도	재산	tài sản 따이 싼

장티푸스(의학)	bệnh sốt thương hàn 버익 쏫 트엉 한
장학금이 취소되다.	bị cắt học bổng 비 깟 혹 봉
재미있어 보이지?	Trông hay quá nhỉ? 쫑 하이 꽈 니

재정 tài chính
따이 찌잉

재촉하다. thúc giục, giục
툭 죽, 죽

재혼 tái giá
따이 쟈

잼 mứt
믓

쟁반 mâm
멈

쟁취하다. giành giật
쟈잉 젿

저것 cái kia
까이 끼아

저것 봐. Nhìn kìa.
닌 끼아

저금하다. tiết kiệm
띠엣 끼엠

저녁 buổi tối
부오이 또이

저녁마다 tối nào
또이 나오

저녁식사 bữa tối
브어 또이

재채기하다. hắt hơi, hắt xì hơi
핫 허이, 핫 씨 허이

저걸로 주세요. Cho tôi cái kia ạ.
조 또이 까이 끼아 아

저녁 먹는 거 말고 다른 것도 하나요?
Ngoài ăn tối ra, chị còn làm gì nữa không?
응와이 안 또이 자, 찌 꼰 람 지 느어 콩

저녁 산다고 했잖아요. Chị mời em ăn tối mà.
찌 머이 앰 안 또이 마

저녁을 먹고 텔레비전을 보다. ăn tối rồi xem tivi
안 또이 조이 쌤 띠비

저렇게 thế kia
테 끼아

저미다.(칼) thái
타이

저자 tác giả
딱 쟈

저작권 quyền tác giả
꾸엔 딱 쟈

저녁을 준비하다. chuẩn bị bữa tối
쭈언 비 브어 또이

저는 그렇게 보지 않는데요.
Tôi không nhận thấy điều ấy.
또이 콩 년 터이 디에우 어이

저는 막 왔습니다. Tôi mới đến thôi.
또이 머이 덴 토이

저는 아주 좋습니다. 당신은요? Tôi khỏe, còn chị?
또이 쾌, 꼰 찌

저라면 웃음이 안 나오시겠어요?
Nếu chị là em thì có cười không?
네우 찌 라 앰 티 꼬 끄어이 콩

저를 따라 오세요. Mời chị đi theo em.
머이 찌 디 태오 앰

저분은 누구예요? Chị kia là ai đấy ạ?
찌 끼아 라 아이 더이 아

저에게 얘기하는 거예요? Chị nói chuyện với em à?
찌 노이 쭈엔 버이 앰 아

저에게 주세요. Hãy đưa cho tôi.
하이 드어 조 또이

저장소 bể
베

저장하다.(전산) lưu trữ
류 쯔

저항하다. chống lại
쫑 라이

적극 tích cực
띡 끅

적다.(기록) ghi
기

적도 xích đạo
씩 다오

적용 ứng dụng
응 중

적용하다. áp dụng
압 중

적응된 quen
꾸앤

적장 tướng giặc
뜨엉 쟉

적합하지 않은 không hợp
콩 헙

적합한 thích hợp
틱 헙

전 세계 toàn thế giới
또안 테 져이

전국 toàn quốc
또안 꿕

전극 cực
끅

전기 điện
디엔

저쪽에 사람들 정말 많다.
Ở đằng kia đông người quá.
어 당 끼아 동 응어이 꽈

적다. / 내가 적을 게. ghi / Để tôi ghi lại.
기 / 데 또이 기 라이

전 / 3시 10분전 kém / ba giờ kém mười phút
깸 / 바 져 깸 므어이 풋

ㅈ

전기를 끊다. cắt điện
깟 디엔

전기장판 chăn điện
짠 디엔

전기주전자 ấm điện
엄 디엔

전기콘센트 ổ cắm điện
오 깜 디엔

전날 hôm trước
홈 쯔억

전단지 đồ đồng nát
도 동 낫

전당포 cầm đồ
껌 도

전등 đèn
댄

전람회 triển lãm
찌엔 람

전력을 다하다. hết sức
헷 쓱

전면적인 toàn diện
또안 지엔

전문(잘하는) chuyên môn
쭈엔 몬

전문가 chuyên gia
쭈엔 쟈

전문분야 nghề
응에

전반적으로 nói chung là
노이 쭝 라

전부 đều, toàn
데우, 또안

전설 truyền thuyết
쭈엔 투엣

전설이 일어나다. xảy ra
싸이 자

전반적으로 베트남 음식들은 달아요.
Nói chung là các món ăn Việt Nam rất ngọt.
노이 쭝 라 깍 몬 안 비엣 남 젓 응옷

전선을 뽑다. rút dây điện ra
줏 저이 디엔 자

전시하다.	bày 바이	전통	truyền thống 쭈엔 통
전자(전기)	điện tử 디엔 뜨	전투	chiến sự 찌엔 쓰
전자레인지	lò vi sóng 로 비 쏭	전투하다.	chiến đấu 찌엔 더우
전자제품	đồ điện tử 도 디엔 뜨	전하다.	truyền 쭈엔
전쟁	chiến tranh 찌엔 짜잉	전혀 다른	khác xa 칵 싸
전체	toàn thể 또안 테	전화	điện thoại 디엔 토와이
전체적인	tổng thể 똥 테	전화 끊자.	Cúp đi. 꿉 디
전치사	giới từ 져이 뜨	전화 왔어요.	Có điện thoại! 꼬 디엔 토와이

전신을 찍다.	chụp ảnh cả người 쭙 아잉 까 응어이
전에 / 3년 전에	cách đây / cách đây 3 năm 까익 더이 / 까익 더이 바 남
전통음식	món ăn truyền thống 몬 안 쭈엔 통
전혀 폐가 되지 않아요.	Không có gì phiền cả. 콩 꼬 지 피엔 까

ㅈ

전화기	máy điện thoại 마이 디엔 토와이	전화를 끊다.	cúp máy 꿉 마이

전화기를 잃어버리다. mất điện thoại
멋 디엔 토와이

전화로 주문하다. gọi bằng điện thoại
고이 방 디엔 토와이

전화를 걸다. gọi điện thoại
고이 디엔 토와이

전화를 바꾸다. chuyển máy
쭈엔 마이

전화를 받다. nhận điện thoại
년 디엔 토와이

전화를 사용해도 될까요?
Sử dụng máy điện thoại một lát có được không?
쓰 중 마이 디엔 토와이 못 랏 꼬 드억 콩

전화번호 / 히엔 전화번호 아세요?
số điện thoại / Chị có biết số điện thoại của em Hiền không?
쏘 디엔 토와이 / 찌 꼬 비엣 쏘 디엔 토와이 꾸어 앰 히엔 콩

전화번호를 좀 불러 주세요.
Chị làm ơn đọc hộ số điện.
찌 람 언 독 호 쏘 디엔

전화 벨소리 chuông điện thoại
쭈옹 디엔 토와이

절(사찰)	chùa 쭈어	젊은이	thanh niên 타잉 니엔
절교하다.	tuyệt tình 뚜엣 띠잉	점(얼룩)	vết 벳
절대적인	tuyệt đối 뚜엣 도이	점(점수)	điểm 디엠
절반	một nửa 못 느어	점수	tỉ số 띠 쏘
절약	tận dụng 떤 중	점수를 유지하다.	giữ tỉ số 즈 띠 쏘
절정	đỉnh cao 디잉 까오	점심(시기)	buổi trưa 부오이 쯔어
절차(전산)	thủ tục 투 뚝	점심시간	giờ ăn trưa 저 안 쯔어
젊은	trẻ 째	점원	người phục vụ 응어이 푹 부

전화했었어요?
Chị đã gọi điện cho em phải không?
찌 다 고이 디엔 쪼 앰 파이 콩

점 / 그림 1점
bức / 1 bức tranh
븍 / 못 븍 짜잉

점심 고마워.
Cảm ơn vì bữa trưa.
깜 언 비 브어 쯔어

ㅈ

점점	dần 전	정감	tình cảm 띠잉 깜
접대하다.(손님)	tiếp khách 띠엡 카익	정규	chính quy 찌잉 뀌
접속사	liên từ 리엔 뜨	정도	mức độ 묵 도
접수	tiếp nhận 띠엡 년	정돈된	gọn 곤
접시	đĩa 디아	정돈하다.	dọn 존
접촉하다.	tiếp xúc 띠엡 쑥	정류소	bến xe 벤 쌔
젓가락	đũa 두어	정리하다.	sắp xếp 쌉 쎕
정가	đúng giá 둥 자	정말 무서워.	Thấy sợ thật. 터이 써 텃

점점 짧아지다.	ngày càng ngắn hơn 응아이 깡 응안 헌
정각 / 정각 12시	đúng / đúng 12 giờ 둥 / 둥 므어이 하이 져
정각 12시야.	Bây giờ đúng 12 giờ. 버이 져 둥 므어이 하이 져
정말 기뻐.	Tôi rất hạnh phúc. 또이 젓 하잉 푹

정말 좋다. Rất hay.
젓 하이

정말로 thật
텃

정면에 있는 ở trước mặt
어 쯔억 맛

정보 thông tin
통 띤

정말 미안합니다. 좀 늦었습니다.
Xin lỗi, tôi đến muộn.
씬 로이, 또이 덴 무온

정말 어려워. Khó thật đấy, khó ơi là khó.
코 텃 더이, 코 어일 라 코

정말 완벽하군. Thật hoàn hảo!
텃 호안 하오

정말 잘됐다. Sướng thật đấy.
쓰엉 텃 더이

정말 잘하시네요. Chị làm tốt thật đấy.
찌 람 뜻 텃 더이

정말 큰 도움을 주셨습니다.
Chị thật sự đã giúp em rất nhiều.
찌 텃 쓰 다 즙 앰 젓 니에우

정말로 보지 못했다고요? Chị không thấy thật à?
찌 콩 터이 텃 아

정말이지 영광이군. Thật đúng là 1 vinh dự.
텃 둥 라 못 비잉 즈

정부관계자 nội các chính phủ
노이 깍 찌잉 푸

ㅈ

정복하다.	chinh phục 찌잉 푹	정장	âu phục 어우 푹
정부	chính phủ 찌잉 푸	정전	mất điện 멋 디엔
정상(꼭대기)	đỉnh, ngọn 디잉, 응온	정절 있는	chung thủy 쭝 투이
정숙한	hiền 히엔	정지등	đèn đỏ 댄 도
정시에	đúng giờ 둥 져	정지하다.	đình chỉ 디잉 찌
정신	tinh thần 띠잉 턴	정직한	trung thực 쭝 특
정신이 돈	hóa điên 화 디엔	정찰가격	giá thực 쟈 특
정어리	cá mòi 까 모이	정책	chính sách 찌잉 싸익
정원	vườn 브언	정치	chính trị 찌잉 찌
정의하다.	định nghĩa 딕 응이아	정치인	nhà chính trị 냐 찌잉 찌

정상화시키다.	bình thường hóa 비잉 트엉 화
정신병원	bệnh viện tâm thần 버익 비엔 떰 턴

정치적 힘	chính quyền 찌잉 꾸엔	제고시키다.	đề cao 데 까오
정확한	chính xác 찌잉 싹	제공하다.	biếu, cung cấp 비에우, 꿍 껍
젖다.	ướt 으엇	제단(종교)	bàn thờ 반 터

제 대신 안부를 전해 주세요.
Chị cho em gửi lời thăm chị ấy nhé.
찌 쪼 앰 그이 러이 탐 찌 어이 녜

제 말뜻 아시잖아요.
Chị hiểu ý em mà.
찌 히에우 이 앰 마

제 명함입니다.
Đây là danh thiếp của tôi.
더이 라 자잉 티엡 꾸어 또이

제 발음은 별로 좋지 않아요.
Tôi phát âm không được tốt lắm.
또이 팟 엄 콩 드억 똣 람

제 우산 가지세요.
Hãy dùng ô của tôi.
하이 중 오 꾸어 또이

제 전화번호 알고 있었어?
Đã biết số điện thoại của tôi chưa ạ?
다 비엣 쏘 디엔 토와이 꾸어 또이 쯔어 아

제가 늘 말씀드렸잖아요.
Em cũng đã nói với chị rồi.
앰 꿍 다 노이 버이 찌 조이

제도 chế độ
쩨 도

제목 đề tài
데 따이

제발 làm ơn
람 언

제방 bờ
버

제비를 뽑다. rút thăm
줏 탐

제사를 지내다. thờ
터

제삿날 giỗ chạp
죠 짭

제습하다. hút ẩm
훗 엄

제시하다. trình bày
찌잉 바이

제안하다. đề nghị
데 응이

제일 궁금한 tò mò nhất
떠 머 녓

제일 높은 cao nhất
까오 녓

제가 말한 것 알아 들으셨어요?
Em nói, chị có hiểu không?
앰 노이, 찌 꼬 히에우 콩

제가 방금한 얘기 들었어요?
Chị có nghe em vừa nói gì không?
찌 꼬 응애 앰 브어 노이 지 콩

제가 정말 죄송해요.
Tôi thật xin lỗi.
또이 텃 씬 로이

제가 함께 가겠습니다.
Tôi đi cùng với chị.
또이 디 꿍 버이 찌

제일 슬픈 순간
lúc buồn nhất
룩 부온 녓

제자	học trò 혹 쩌
제정하다.(법률)	ban hành 반 하잉
제조하다.	chế tạo 쩨 따오
제출하다.	đưa ra 드어 자
제한하다.	hạn chế 한 쩨
조개	con nghêu 꼰 응헤우
조건	điều kiện 디에우 끼엔
조국	tổ quốc 또 꿕
조금	một chút 못 쭛
조금 있다가	lát nữa 랏 느어
조금 추운	hơi lạnh 허이 라잇
조금만 쉬다.	nghỉ một chút 응이 못 쭛
제일 친한 친구	bạn thân nhất 반 턴 녓
제일 편리한(교통수단)	tiện nhất 띠엔 녓
조각 / 한 조각	miếng / 1 miếng 미응 / 못 미응
조금 다치다.	chỉ bị đau một ít 찌 비 다우 못 잇
조금 있다가 다시 올게.	Lát nữa tôi quay lại. 랏 느어 또이 꽈이 라이
조금 있으면 도착 할 거야.	1 lát nữa tôi sẽ đến. 못 랏 느어 또이 쌔 덴

ㅈ

조금씩	dần dần 전 전	조용히 해.	Im đi. 임 디
조금의	một chút 못 쭛	조절하다.	điều hoà 디에우 화
조류독감	nhiễm cúm gà 니엠 꿈 갸	조정하다.	điều chỉnh 디에우 찌잉
조미료	các loại gia vị 깍 롸이 자 비	조직	tổ chức 또 쯕
조상	tổ tiên 또 띠엔	조치	biện pháp 비엔 팝
조성하다.	tạo thành 따오 타잉	조카(남)	cháu trai 짜우 짜이
조심하다.	cẩn thận 껀 턴	조카(여)	cháu gái 짜우 가이
조용하군.	Quá yên lặng. 꽈 연 랑	조합(조직)	tổ hợp 또 헙
조용하다.	yên tĩnh 연 띠잉	조항	điều khoản 디에우 콴
조용한	im 임	조화(종이꽃)	hoa giấy 화 져이

조사하다. điều tra, khảo sát
디에우 짜, 카오 쌋

조심해서가. Đi cẩn thận nhé, Bảo trọng nhé.
디 껀 턴 내. 바오 쫑 내

족(식용) chân giò
찐 져

존경하다. kính trọng
끼잉 쫑

존재하다. tồn tại
똔 따이

존중하다. quý
뀌

졸려 Buồn ngủ quá.
부온 응우 꽈

졸리다. buồn ngủ
부온 응우

졸업하다. tốt nghiệp
똣 응이엡

좀 비슷한 hơi giống
허이 죵

조화를 이루다. hòa nhập, hài hòa
화 녑, 하이 화

졸업하고 바로 여기로 오다.
tốt nghiệp đại học rồi đến đây luôn
똣 응이엡 다이 혹 조이 덴 더이 루언

좀 괜찮아졌어? Thấy khỏe hơn chưa?
터이 쾌 헌 쯔어

좀 더 기다려보자. Thử đợi thêm một lúc.
트 더이 템 못 룩

좀 더 싼 것이 있어요? Có loại nào rẻ hơn không?
꼬 롸이 나오 재 헌 콩

좀 먹어 볼래요? Chị muốn ăn thử một ít không ạ?
찌 무온 안 트 못 잇 콩 아

좀 빨리 할 순 없나? Liệu làm nhanh được không?
리에우 람 냐잉 드억 콩

ㅈ

좁다. hẹp 햅

좁은(마음) nhỏ hẹp 뇨 햅

종(벨) chuông 쭈옹

종교 tôn giáo 똔 쟈오

종기 nhọt 놋

종류 loại 롸이

종이 giấy 져이

종합 tổng hợp 똥 헙

좀 심하네. Hơi quá rồi đấy! 허이 꽈 조이 더이

좀 있다가 봐. Tí nữa gặp nhé. 띠 느어 갑 내

좀 있다가, 집에 바래다주실래요? Lát nữa, chị đưa em về được không? 랏 느어, 찌 드어 앰 베 드억 콩

좀 작은 사이즈는 없나요? Chị có cái nào nhỏ hơn không? 찌 꼬 까이 나오 뇨 헌 콩

좀 참아. Cố chịu một chút đi mà. 꼬 찌우 못 쭛 디 마

종업원(식당) người phục vụ 응어이 푹 부

좋기만 하네.(반박) Tôi thích mà. 또이 틱 마

좋아요. Tốt quá!
뜻 꽈

좋아하다. thích
틱

좋은 tốt
뜻

좋은 날씨 trời đẹp
쩌이 댑

좋은 소식 tin vui
띤 부이

좌회전금지 cấm rẽ trái
껌 재 짜이

좋아 하지 않다. không thích
콩 틱

좋아하는 물건 thứ tôi thích
트 또이 틱

좋아하는지 아닌지 có thích hay không
꼬 틱 하이 콩

좋아하다.(마니아처럼) say mê
싸이 메

좋아하셨으면 좋겠네요.(선물주면서)
Em mong chị sẽ thích.
앰 몽 찌 쌔 틱

좋은 결과를 얻다. đạt kết quả tốt đẹp
닷 껫 꽈 뜻 댑

좋은 성적을 거두다. đạt thành tích tốt
닷 타잉 떡 뜻

좌석번호는 몇 번 이예요? Số ghế bao nhiêu?
쏘 게 바오 니에우

좌회전하다.	rẽ trái 재 짜이
죄	tội 또이
죄 없는	vô tội 보 또이
주(날짜)	tuần 뚜언
주고받다.	cho và nhận 쪼 바 년
주관(자아)	chủ quan 쭈 꽌
주근깨	tàn nhang 딴 냥
주기(시기)	chu kỳ 쭈 끼
주기적인	định kỳ 딕 끼
주다.	cho, trao 쪼, 짜오
주된	chủ yếu 쭈 이에우
주름(얼굴)	nếp nhăn 넵 냔
주말	cuối tuần 꾸오이 뚜언
주말에	vào cuối tuần 바오 꾸오이 뚜언
주머니	túi 뚜이
주목하세요.	Chú ý. 쭈 이
주문하다.	đặt hàng 닷 항
주민	cư dân 끄 전

죄송합니다만, 이름을 알 수 있을 까요?
Xin lỗi, em có thể được biết tên chị không?
씬 로이, 앰 꼬 테 드억 비엣 뗀 찌 콩

주민등록증
chứng minh thư
쯩 미잉 트

주방장 người đầu bếp
응어이 더우 벱

주변 xung quanh
쑹 꽈잉

주변에 ở quanh
어 꽈잉

주부 bà nội trợ
바 노이 쩌

주사 tiêm
띠엠

주석(대통령) chủ tịch
쭈 띡

주석을 달다. chú thích
쭈 틱

주소 địa chỉ
디아 찌

주시하다. ngắm
응암

주식 cổ phiếu
꼬 피에우

주어 chủ ngữ
쭈 응으

주유비 tiền xăng
띠엔 쌍

주의 깊게 kỹ
끼

주의하다. chú ý
쭈 이

주인 chủ
쭈

주장(축구) đội trưởng
도이 쯔엉

주사는 필요 없어요. Không cần tiêm.
콩 껀 띠엠

주식제로 하실 건가요? Làm theo kiểu cổ phần?
람 태오 끼에우 꼬 펀

주인이 없으니까 서비스가 엉망이네.
Vì không có người quản lý nên dịch vụ rất lộn xộn.
비 콩 꼬 응어이 꽌 리 넨 직 부 젓 론 쏜

ㅈ

주전자	ấm đun nước 엄 둔 느억	준비하다.	chuẩn bị 쭈언 비
주제	chủ đề 쭈 데	줄	dây 저이
주차장	nhà xe 냐 쌔	줄(늘어선)	hàng 항
주차하다.	đỗ 도	줄서다.	xếp hàng 쎕 항
주체	chủ thể 쭈 테	줄이다.	giảm 잠
주택	nhà ở 냐 어	중국	Trung Quốc 쭝 꿕
주택난	nhà cửa khan hiếm 냐 끄어 칸 히엠	중국어	tiếng Trung Quốc 띠응 쭝 꿕
죽다.	chết 쩻	중년을 지난	cao tuổi 까오 뚜어이
죽순	măng 망	중독되다.	nghiện 응이엔
죽음	cái chết 까이 쩻	중량	trọng lượng 쫑 르엉
준결승	bán kết 반 껫	중량초과	quá trọng lượng 꽈 쫑 르엉

줄서세요. Xin mời xếp hàng.
씬 머이 쎕 항

중병의	bệnh nặng 버익 낭	
중심 센터	trung tâm 쭝 떰	
중앙	trung ương 쭝 으엉	
중요하게 여기다.	coi trọng 꼬이 쫑	
중요한	quan trọng 꽌 쫑	
중죄	tội nặng 또이 낭	
중추절	tết trung thu 뗏 쭝 투	
중학교	trường trung học 쯔엉 쭝 혹	
쥐	chuột 쭈옷	
쥐다.	nắm 남	
쥐띠	tuổi chuột 뚜어이 쭈옷	
쥐어박다.	đấm, cốc 덤, 꼭	
즉시	ngay lập tức 응아이 럽 뜩	
즐거운	vui 부이	
즐겁다.	vui vẻ 부이 배	
즐기다.	vui chơi 부이 쩌이	
중소기업	công ty vừa và nhỏ 꽁 띠 브어 바 뇨	
중요하지 않다.	không quan trọng 콩 꽌 쫑	
쥐(근육의 경련)	chứng chuột rút 쯩 쭈옷 줏	
즐거운 여행 되세요.	Một chuyến đi vui vẻ. 못 쭈엔 디 부이 배	

ㅈ

증가하다.	tăng cường 땅 끄엉
증권	chứng khoán 쯩 콴
증발시키다.	bốc hơi 복 허이
증서	chứng từ 쯩 뜨
증인	nhân chứng 년 쯩
증정품	quà tặng 꽈 땅
증정하다.	tặng 땅
증조부	cụ ông 꾸 옹
지갑	ví 비
지겹네.	Chán lắm. 짠 람
지구	trái đất 짜이 덧
지금	bây giờ 버이 져

즐거운 크리스마스 되기를 바라며, 1년 동안 행복이 가득하길 바랍니다.
Chúc chị Giáng sinh vui vẻ và 1 năm mới thật hạnh phúc.
쭉 찌 장 씨잉 부이 배 바 못 남 머이 텃 하잉 푹

즐거웠어? — Có vui vẻ không?
꼬 부이 배 콩

즐겁기를 바랍니다. — Chúc vui vẻ.
쭉 부이 배

증명하다. — chứng tỏ, chứng minh
쯩 또, 쯩 미잉

지금 바로 ngay bây giờ
응아이 버이 져

지금 비가 와? Đang mưa à?
당 므어 아

지금 가는 길이예요. Bây giờ đang trên đường.
버이 져 당 쩬 드엉

지금 말고. Không phải bây giờ.
콩 파이 버이 져

지금 몇 시예요? Bây giờ là mấy giờ rồi?
버이 져 라 머이 져 조이

지금 어디에 있어요? Bây giờ đang ở đâu đấy?
버이 져 당 어 더우 더이

지금 제가 일이 좀 있어서요.
Bây giờ tôi có chút việc bận.
버이 져 또이 꼬 쭛 비역 번

지금 회사를 운영하고 있다.
Bây giờ tôi làm công việc kinh doanh.
버이 져 또이 람 꽁 비역 끼잉 좌잉

지금까지 말한 적이 없다. không bao giờ nói
콩 바오 져 노이

지금은 알아들으시겠어요? Bây giờ đã hiểu chưa?
버이 져 다 히에우 쯔어

지금은 익숙해졌어요. Bây giờ thì cũng quen rồi.
버이 져 티 꿍 꾸앤 조이

지금은 통화중이예요. Bây giờ máy đang bận.
버이 져 마이 당 번

지금 필요해?	Cần luôn à? 껀 루언 아	지능	trí thông minh 찌 통 미잉
지나가다.	đi qua 디 꽈	지다.	thua 투어
지나간	đã qua 다 꽈	지다.(해)	lặn 란
지나치다.(정도)	quá mức 꽈 믁	지도(지리)	bản đồ 반 도
지난달	tháng trước 탕 쯔억	지력	trí óc 찌 옥
지난주	tuần trước 뚜언 쯔억	지루한	chán 짠

지금은 편하지 않아. 내가 나중에 다시 전화할게.
Lúc này không tiện, tôi gọi lại sau nhé.
룩 나이 콩 띠엔, 또이 고이 라이 싸우 내

지나서 / 이십분이 지나서
sau / sau 20 phút
싸우 / 싸우 하이 므어이 풋

지난 한 해 동안 수고 많으셨습니다.
Trong năm qua chị đã vất vả nhiều.
쫑 남 꽈 찌 다 벗 바 니에우

지난번 일에 대해 안타깝게 생각해.
Tôi rất tiếc vì sự việc đã qua.
또이 젓 띠엑 비 쓰 비엑 다 꽈

지루해요.
Đơn điệu quá.
던 디에우 꽈

지름길	đường tắt 드엉 땃	지역	miền 미엔
지리	địa lý 디아 리	지우개	tẩy 떠이
지명하다.(직위)	đề cử 데 끄	지원하다.	tình nguyện 띠잉 응우엔
지방	địa phương 디아 프엉	지저분한	bẩn 번
지방자치단체	thị xã 티 싸	지적인	thông minh 통 미잉
지불하다.	trả tiền 짜 띠엔	지점	địa điểm 디아 디엠
지붕	mái nhà 마이 냐	지정하다.	chỉ định 찌 딕
지사제	thuốc tiêu chảy 투억 띠에우 짜이	지지하다.	ủng hộ 웅 호
지수	chỉ số 찌 쏘	지진	động đất 동 덧
지시	chỉ thị 찌 티	지키다.	bảo vệ 바오 베
지식	kiến thức 끼엔 특	지탱하다.	duy trì 주이 찌

지름길을 알아. — Tôi biết đường tắt.
또이 비엣 드엉 땃

ㅈ

지하땅굴	địa đạo 디아 다오	직접	trực tiếp 쯕 띠엡
지형	địa hình 디아 히잉	직접 건네주다.	chuyền tay 쭈엔 따이
지휘하다.	chỉ huy 찌 휘	직접 눈으로	tận mắt 떤 맛
직무	chức vụ 쯕 부	직진하다.	đi thẳng 디 탕
직속(의)	trực thuộc 쯕 투억	진공청소기	cái máy hút bụi 까이 마이 훗 부이
직업	việc làm 비역 람	진공펌프	bơm chân không 범 쩐 콩
직원	nhân viên 년 비엔	진드기	bọ chó 보 쩌
직장(일터)	chỗ làm 쪼 람	진료기록	y bạ 이 바

직장은 오페라하우스 근처에요.
Nơi làm việc của tôi ở gần nhà hát lớn.
너이 람 비역 꾸어 또이 어 건 냐 핫 런

직접 그렇게 말하진 않았지만.
Dù chị chưa nói trực tiếp cho em biết.
주 찌 쯔어 노이 쯕 띠엡 조 앰 비엣

직접 묻지 않다.
không trực tiếp hỏi.
콩 쯕 띠엡 호이

진보하다. tiến bộ
띠엔 보

진실을 말하다. nói thật
노이 텃

진입금지 cấm vào
껌 바오

진찰실 phòng khám
퐁 캄

진찰하다. khám bệnh
캄 버익

진통제 thuốc giảm đau
투억 잠 다우

진한(맛, 색) đậm
덤

진행하다. tiến hành
띠엔 하잉

진화하다. tiến hóa
띠엔 화

진흙 bùn
분

질문 câu hỏi
꺼우 호이

질문하다. hỏi
호이

진료접수하다. đăng ký khám
당 끼 캄

진실을 말 할 거야. Tôi sẽ nói thật.
또이 쌔 노이 텃

진정하라고.(말릴 때) Từ từ đã chứ.
뜨 뜨 다 쯔

진짜 바보 같네. Đúng là ngốc.
둥 라 응옥

질리지 않아. Chẳng biết chán là gì.
짱 비엣 짠 라 지

짐은 어떻게 보내요? Gửi hành lý bằng cách nào?
그이 하잉 리 방 까익 나오

ㅈ

질투하다.	ghen 갠	집	nhà 냐
짐	hành lý 하잉 리	집(단층)	căn hộ 깐 호
짐작	phỏng đoán 퐁 도안	집근처에	ở gần nhà tôi 어 건 냐 또이
짐작하기에	tưởng là 뜨엉 라	집부터	từ nhà 뜨 냐

집 생각이 나시죠? — Chắc chị nhớ nhà lắm nhỉ?
짝 찌 녀 냐 람 니

집 주소 알려 줄 수 있어요? — Cho em biết địa chỉ nhà chị, được không?
쪼 앰 비엣 디아 찌 냐 찌, 드억 콩

집근처 수퍼마켓 — siêu thị ở gần nhà tôi
씨에우 티 어 건 냐 또이

집까지 걷다. — đi bộ đến nhà tôi
디 보 덴 냐 또이

집밖을 나가지 않다. — không ra khỏi nhà
콩 자 코이 냐

집에 놀러와. — Hãy đến nhà tôi chơi nhé?
하이 덴 냐 또이 쩌이 냬

집으로 곧장 가다. — đi thẳng về nhà
디 탕 베 냐

집에 두었어. Để ở nhà.
데 어 냐

집에서 가까운 gần nhà
건 냐

집주인 chủ nhà
쭈 냐

집중하다. tập trung
떱 쭝

집중하세요. Hãy tập trung.
하이 떱 쭝

집행하다. thực hiện
특 히엔

집회 hội đồng
호이 동

징후(병) triệu chứng
찌에우 쯩

짜다.(직물) dệt
젯

짜증나다. phát bực
팟 븍

ㅈ

집은 어디 예요? Gia đình chị ở đâu?
자 디잉 찌 어 더우

집주인에게 연락해서 약속 좀 잡아줘.
Hãy liên lạc với chủ nhà và hẹn trước giúp tôi.
하이 리엔 락 버이 쭈 냐 바 핸 쯔억 즙 또이

집주인에게 항의하러 전화하다.
gọi điện cho chủ nhà để thắc mắc
고이 디엔 쪼 쭈 냐 데 탁 막

집중할 수 없어요. Tôi không thể tập trung.
또이 콩 테 떱 쭝

집집마다 집 스타일이 똑같아서 놀랐어.
Nếp sống của nhà nào cũng giống nhau nên tôi rất ngạc nhiên.
넵 쏭 꾸어 냐 나오 꿍 죵 냐우 넨 또이 젓 응악 니엔

짠(맛)	mặn 만	쫓다.	đuổi 두오이
짧게 자르다.	cắt ngắn 깟 응안	쭉 보다.	đọc qua 독 꽈
짧은	ngắn 응안	찌르다.	đâm 덤
짧은 머리	tóc ngắn 똑 응안	찢어지다.	bị xé rách 비 쌔 작

쭉 가세요. 꺾지 마시고요.

Chị cứ đi thẳng. Đừng rẽ.

찌 끄 디 탕. 등 재

ㅊ

한국어-베트남어 단어장

차(교통)	ôtô 오또
차(음료)	trà 짜
차고	nhà để xe 냐 데 쌔
차다.(발로)	đá 다
차례(행사)	nghi lễ 응이 레
차례대로	lần lượt 런 르엇
차를 끓이다.	pha trà 파 짜
차를 운전하다.	lái xe 라이 쌔
차별하다.	phân biệt 펀 비엣
차에서 내리다.	xuống xe 쑤엉 쌔
차용하다.	vay 바이
차이	chệnh lệch 쩨잉 렉
차지하다.(물건)	chiếm 찌엠
착륙하다.	hạ cánh 하 까잉
착하네.(아기)	Ngoan quá. 응완 꽈
착한(어린이)	ngoan 응완

차(음료) 준비 됐나요?
Đã pha trà chưa ạ?
다 파 짜 쯔어 아

차를 꼭 갈아타야 하나요?
Có nhất thiết phải chuyển xe không?
꼬 녓 티엣 파이 쭈옌 쌔 콩

차마 볼 수 없다.
không chịu nhìn
콩 찌우 닌

ㅊ

찬란한	rực rỡ 즉 저	참치	cá ngừ 까 응으
찬성한다면	nếu đồng ý 네우 동 이	찹쌀	gạo nếp 갸오 넵
찬성할 것이다.	sẽ đồng ý 쌔 동 이	창문	cửa sổ 끄어 쏘
참가하다.	tham gia 탐 쟈	창문을 열다.	mở cửa sổ 머 끄어 쏘
참고하다.	tham khảo 탐 카오	창백하다.	nhợt nhạt 녓 냣
참여하다.	tham dự 탐 즈	창조하다.	sáng tạo 쌍 따오

찰떡궁합커플	1 đôi hoàn hảo 못 도이 화안 하오
참기 어려운	khó chịu, ngột ngạt 코 찌우, 응옷 응앗
참다	cam chịu, chịu đựng 깜 찌우, 찌우 등
창가 탁자	cái bàn gần cửa sổ 까이 반 건 끄어 쏘
창구 / 2번 창구	quầy / quầy số 2 꾸어이 / 꾸어이 쏘 하이
창문 닫아 주세요.	Xin đóng cửa sổ giúp ạ. 씬 동 끄어 쏘 즙 아

창피한 xấu hổ
써우 호

찾아내다. tìm ra
띰 자

찾아볼게. Để tôi tìm.
데 또이 띰

찾지 못 하다. không tìm ra
콩 띰 자

채가다. giật
졋

채권 trái phiếu
짜이 피에우

채소 rau
자우

채식하다. ăn chay
안 짜이

책 quyển sách
꾸엔 싸익

책과 신문 sách báo
싸익 바오

찾다. / 잘 찾아보세요.
tìm / Thử tìm kỹ lại xem nào.
띰 / 트 띰 끼 라이 쌤 나오

찾아보려고.(시험 삼아) để tìm thử
데 띰 트

찾을 수 있다. có thể tìm được
꼬 테 띰 드억

채 / 집 두 채 căn / hai căn nhà
깐 / 하이 깐 냐

책 사다 주실 수 있으세요?
Mua giúp tôi một quyển sách có được không?
무어 즙 또이 못 꾸엔 싸익 꼬 드억 콩

책 좀 빌려줘. Cho tôi mượn sách nhé.
쪼 또이 므언 싸익 내

ㅊ

책꽂이 giá sách
자 싸익

책상 bàn
반

책임감 trách nhiệm
짜익 니엠

책임자 người phụ trách
응어이 푸 짜익

책임지다. phụ trách
푸 짜익

책잡다. chê
쩨

챔피언 vô địch
보 딕

처럼 생긴 có hình
꼬 히잉

처리하다. xử lý
쓰 리

처방전 đơn thuốc
던 투억

처신하다. cư xử
끄 쓰

처음부터 từ đầu
뜨 더우

처음으로 lần đầu tiên
런 더우 띠엔

천(숫자) nghìn
응인

천둥 sấm
썸

천장 trần, trần nhà
쩐, 쩐 냐

처음 베트남에 왔을 때는
khi đến Việt Nam lần đầu tiên
키 덴 비엣 남 런 더우 띠엔

처음부터 끝까지 từ đầu đến cuối
뜨 더우 덴 꾸오이

척 / 배 두 척 chiếc / 2 chiếc tàu
찌엑 / 하이 찌엑 따우

천정팬	quạt trần 꽛 쩐	첫사랑	mối tình đầu 모이 띠잉 더우
천천히	từ từ 뜨 뜨	청경채	rau cải chíp 자우 까이 찝
철(금속)	sắt 싿	청년단	đoàn thanh niên 도안 타잉 니엔
철도	đường xe lửa 드엉 쌔 르어	청년시절	tuổi trẻ 뚜어이 째
철도역	nhà ga 냐 가	청량음료	nước ngọt 느억 응옷
첩	ái phi 아이 피	청바지	quần bò 꿘 보
첫 번째	thứ nhất 트 녓	청하다.	mời 머이

천만에요. — Không dám. Không sao.
콩 잠, 콩 싸오

천연재료 — chất liệu tự nhiên
쩟 리에우 뜨 니엔

천천히 말씀해 주세요. — Xin nói từ từ thôi.
씬 노이 뜨 뜨 토이

첫사랑은 이루어 지지 않는다.
Mối tình đầu không bao giờ thành.
모이 띠잉 더우 콩 바오 져 타잉

ㅊ

체계	hệ thống 헤 통	체한	đau bụng 다우 북
체력	thể lực 테 륵	초(시간)	giây 져이
체스	cờ tướng 꺼 뜨엉	초과하다.	quá 꽈
체육	thể dục 테 죽	초대	lời mời 러이 머이
체제	cơ quan nhà nước 꺼 꽌 냐 느억	초대장	giấy mời 져이 머이
체중계	cái cân 까이 껀	초등학교	trường tiểu học 쯔엉 띠에우 혹
체크무늬의	kẻ ô vuông 깨 오 부옹	초록색	màu xanh lá cây 머우 싸잉 라 꺼이

청소하다.
dọn dẹp, dọn sạch
존 잽, 존 싸익

청소할 사람을 찾아 놨어요.
Em đã tìm cho chị 1 người để dọn dẹp rồi.
앰 다 띰 조 찌 못 응어이 데 존 잽 조이

체온을 재 봅시다.
Hãy cặp nhiệt độ thử xem.
하이 깝 니엣 도 트 쌤

초대장이 있어요.
Tôi có giấy mời.
또이 꼬 져이 머이

초목	thảo mộc	타오 목
초상(얼굴)	chân dung	쩐 중
초안	bản thảo	반 타오
초인종	chuông cửa	쭈옹 끄어
촉진하다.	thúc đẩy	툭 더이
총(합계)	tổng số	똥 쏘
총국장	tổng cục trưởng	똥 꾹 쯔엉
총서기	tổng thư ký	똥 트 끼
총을 장전하다.	nạp súng	납 쑹
총자본	tổng vốn	똥 본
총탄	đạn	단
총합계	tổng cộng	똥 꽁
최근	gần đây	건 더이
최대(수량)	tối đa	또이 다
최선	tốt nhất	뜻 녓
최선을 다해.	Hết sức đi.	헷 쓱 디
최소(수량)	tối thiểu	또이 티에우
최신의	mới nhất	머이 녓
최고기온	nhiệt độ cao nhất	니엣 도 까오 녓
최선을 다해 도와 드릴게요.	Tôi sẽ hết sức giúp đỡ.	또이 쌔 헷 쓱 쥽 더
최저기온	nhiệt độ thấp nhất	니엣 도 텁 녓

ㅊ

최종점수 tỉ số chung cuộc
띠 쏘 쭝 꾸옥

최초 lúc đầu
룩 더우

최후 lần cuối
런 꾸오이

추가하다. thêm
템

추상적인 trừu tượng
쮸 뜨엉

추석 tết trung thu
뗏 쭝 투

추억 kỷ niệm
끼 니염

추운 lạnh, rét
라잇, 잿

추워지다. trở nên se lạnh
쩌 낸 쌔 라잇

추첨 xổ số
쏘 쏘

추측하다. đoán
도안

축구 bóng đá
봉 다

축구 경기를 하다. đá bóng
다 봉

축구경기 trận bóng đá
쩐 봉 다

추석까지 있으실 건가요?
Chị sẽ ở đến tết trung thu?
찌 쌔 어 덴 뗏 쭝 투

추측할 수 없어요. Tôi không thể đoán được.
또이 콩 테 도안 드억

축구 보고 있나봐. Họ xem bóng đá đấy!
호 쌤 봉 다 더이

축구라면 아주 미치지! Tôi mê bóng đá lắm đấy!
또이 메 봉 다 람 더이

축구선수 cầu thủ
꺼우 투

축구장 sân cỏ
썬 꺼

축구팀 đội bóng đá
도이 봉 다

축제 lễ hội
레 호이

축제일 ngày hội
응아이 호이

축축한 ẩm
엄

축하하다. chúc mừng
쭉 믕

축하해. Chúc mừng em.
쭉 믕 앰

축하해요. Chúc mừng chị.
쭉 믕 찌

출구 cửa ra
끄어 자

출근시간 giờ đi làm
져 디 람

출발 khởi hành
커이 하잉

출발점 điểm xuất phát
디엠 쑤엇 팟

출생증명서 giấy khai sinh
져이 카이 씨잉

출입국 xuất nhập cảnh
쑤엇 녑 까잉

출장가다. đi công tác
디 꽁 딱

출근할 시간이 되다. đến giờ đi làm
덴 져 디 람

출발하다. xuất phát, lên đường
쑤엇 팟, 렌 드엉

출입국을 하기 위해서는 어떤 수속을 해야 하나요?
Xuất nhập cảnh cần làm những thủ tục gì?
쑤엇 녑 까잉 껀 람 능 투 뚝 지

ㅊ

출판사	nhà xuất bản 냐 쑤엇 반
출현하다.	xuất hiện 쑤엇 히엔
춤을 잘 추다.	nhảy giỏi 냐이 죠이
춤추다.(전통적인)	múa 무어
춤추다.(현대적인)	nhảy 냐이
충고	lời khuyên 러이 쿠엔
충고하다.	khuyên nhủ 쿠엔 뉴
충분하다.	đầy đủ 더이 두
충분하지 못한	vơi 버이
충분한	đủ 두
충성	trung thành, tận tình 쭝 타잉, 떤 띠잉
충수염	viêm ruột thừa 비엠 주옷 트어
취미	sở thích 써 틱
취하다.	say 싸이
취했어.	Say rồi. 싸이 조이
층	tầng 떵
치료하다.	chữa trị 쯔어 찌
치료학요법(의학)	liệu pháp 리에우 팝
치마	váy 바이
치약	kem đánh răng 깸 다잉 장
친구	bạn 반
친구가 되다.	kết bạn 껫 반
충전하다.	nạp điện, sạc điện 납 디엔, 싹 디엔

친근한	gần gũi 건 구이	친한 사람	người thân 응어이 턴
친동생	em ruột 앰 주옷	친한 친구	bạn thân 반 턴
친밀한	thân thiết 턴 티엣	친할아버지	ông nội 옹 노이
친선	thân tình 턴 띠잉	친해지다.	làm quen với 람 꾸앤 버이
친애하는	thân mến 턴 멘	친해지다.	quen 꾸앤
친절한	tử tế 뜨 떼	칠(미술)	sơn 썬
친척	họ hàng 호 항	칠(숫자)	bảy 바이
친하다.	thân 턴	칠십	bảy mươi 바이 므어이

친구 집에 가려고요.
Tôi định đến nhà một người bạn.
또이 딕 덴 냐 못 응어이 반

친절한 환대에 감사합니다.
Xin cảm ơn thiện tình của chị.
씬 깜 언 티엔 띠잉 꾸어 찌

친척을 방문하다.
thăm họ hàng
탐 호 항

ㅊ

칠월 tháng bảy
탕 바이

칠판 bảng đen
방 댄

칠판지우개 lau bảng
라우 방

칠하다. tô màu
또 머우

침대 giường
즈엉

침대시트 khăn trải giường
칸 짜이 즈엉

침략하다. xâm lược
썸 르억

침술 châm cứu
쩜 뀨

침실 phòng ngủ
퐁 응우

침울한 trầm uất
쩜 우엇

침착한 bình tĩnh
비잉 띠잉

칫솔 bàn chải đánh răng
반 짜이 다잉 장

칭찬하다. khen
캔

ㅋ

한국어-베트남어 단어장

카네이션 hoa phăng
화 팡

카드(게임) bài
바이

카드(종이) thiếp
티엡

카드(플라스틱) thẻ
태

카드를 섞다. trộn bài
쫀 바이

카메라 máy ảnh
마이 아잉

카세트 máy cassette
마이 깟쎗

카트(쇼핑센터) xe kéo
쌔 깨오

칵테일 cốc tai
꼭 따이

칼 con dao
꼰 자오

칼라사진 ảnh màu
아잉 머우

칼럼리스트 chuyên mục
쭈엔 묵

카드 충전해주세요.(핸드폰) Nạp thẻ cho tôi ạ.
납 태 조 또이 아

카드(신용카드)를 정지시키다. khóa thẻ
콰 태

카드를 치다. chơi bài, đánh bài
쩌이 바이, 다잉 바이

카탈로그 danh mục hàng hóa
자잉 묵 항 화

카탈로그를 보여주세요.
Cho tôi xem danh mục hàng hóa.
조 또이 쌤 자잉 묵 항 화

ㅋ

캄보디아	Cambodia 깜부지아
캐나다	Canada 까나다
캐묻다.	dò hỏi 조 호이
캔 맥주	bia lon 비아 론
캠퍼스(학용품)	compa 꼼빠
커서(전산)	con trỏ 꼰 쩌
커튼	rèm cửa 잼 끄어
커플	cặp vợ chồng 깝 버 종
커피	cà phê 까 페
컬러 프린터기	máy in màu 마이 인 머우
컴퓨터	máy vi tính 마이 비 띠잉
컴퓨터 공학(전산)	tin học 띤 혹

캔 / 맥주 3 캔
lon / 3 bia lon
론 / 바 비아 론

커피 준거 고마워.
Cám ơn vì đã mua cà phê cho tôi.
깜 언 비 다 무어 까 페 조 또이

커피 탔어요?
Đã pha cà phê chưa ạ?
다 파 까 페 쯔어 아

커피가 진해요.
Cà phê đặc quá!
까 페 닥 꽈

커피를 컴퓨터에 쏟았어.
Cà phê đã đổ vào máy vi tính.
까 페 다 도 바오 마이 비 띠잉

컵	cúp 꿉	코끼리	con voi 꼰 보이
컵라면	mì cốc 미 꼭	코를 골다.	ngáy 응아이
케이크	bánh ngọt 바잉 응옷	코를 풀다.	xì mũi 씨 무이
켜다.(기계)	bật máy 벗 마이	코코넛	quả dừa 꽈 즈어
코	mũi 무이	코트	áo khoác 아오 콱
코 고는 소리	tiếng ngáy 띠응 응아이	콘돔	bao cao su 바오 까오 쑤
코가 막히다.	ngạt mũi 응앗 무이	콜라	cô-ca 꼬 까
코가 헐다.	đau mũi 다우 무이	콜론(:)	dấu hai chấm 저우 하이 쩜

컴퓨터가 너무 느려.	Máy chạy chậm quá. 마이 짜이 쩜 꽈
컴퓨터가 이상해.	Máy bị trục trặc. 마이 비 쭉 짝
컴퓨터로 놀다.(게임등)	chơi vi tính 쩌이 비 띠잉
켤레 / 운동화 1 켤레	đôi / 1 đôi giầy thể thao 도이 / 못 도이 져이 테 타오

ㅋ

콧물이 나다.	sổ mũi 쏘 무이
콧수염	ria, râu mép 지아, 저우 맵
크게 말하다.	nói to lên 노이 또 렌
크기	cỡ 꺼
크다.	to 또
크리스천	công giáo 꽁 쟈오
큰 목소리로	giọng to 지엉 또
큰길	đường lớn 드엉 런
큰길에서	ở đường lớn 어 드엉 런
큰소리로 환호하다.	hò hét 호 햇
클럽	câu lạc bộ 꺼우 락 보
클립	ghim 김
키가 작다.	thấp 텁
키가 크다.	cao 까오

쿠션침대칸표	vé giường mềm 배 즈엉 멤
크게 말씀하세요.	Xin nói to lên ạ. 씬 노이 또 렌 아
큰일이네, 늦었어요.	Chết, muộn rồi. 쩻, 무온 조이
키가 보통이다.	chiều cao bình thường 찌에우 까오 비잉 트엉
키가 어떻게 되세요?	Chiều cao bao nhiêu? 찌에우 까오 바오 니에우

키보드 bàn phím
반 핌

키스하다. hôn
혼

키친타월 khăn giấy
칸 저이

킬로미터 kilô mét
낄오 맷

ㅋ

Ⅲ

한국어-베트남어 단어장

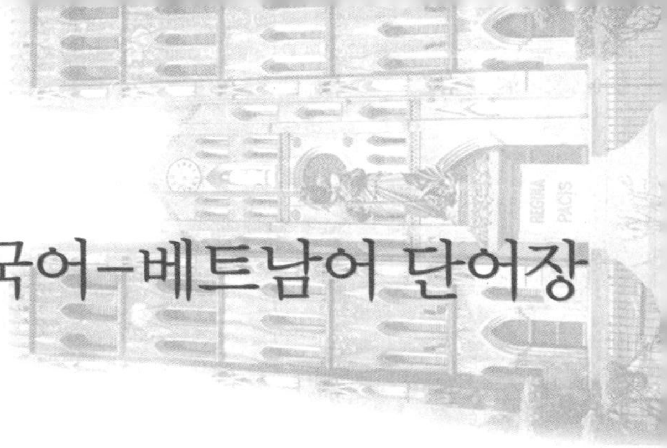

타다.(불에)	cháy 짜이	탁월한	xuất sắc 쑤엇 싹
타다.(차)	lên xe 렌 쌔	탄내가 나다.	khét 캣
타당하다.	có lý 꼬 리	탄밥, 누룽지	sém 쌤
타이어	bánh xe 바잉 쌔	탈출하다.	thoát khỏi 톼 코이
타이틀	danh hiệu 자잉 히에우	탑(건축)	tháp 탑
타이핑하다.	đánh máy 다잉 마이	탑승시간	giờ lên máy bay 져 렌 마이 바이
타조	chim đà điểu 찜 다 디에우	태국	Thailand 타이란
타진하다.	thăm dò 탐 조	태국어	tiếng Thái 띠응 타이
탁구	bóng bàn 봉 반	태권도	thái cực quyền 타이 끅 꾸엔

탑하노이는 어느 정류장에서 내려야해요?
Đến Tháp Hà Nội xuống xe ở bến nào?
덴 탑 하 노이 쑤엉 쌔 어 벤 나오

탑하노이에 가려면 몇 번 버스를 타야 해요?
Xin hỏi đến Tháp Hà Nội đi xe buýt số mấy ạ.
씬 호이 덴 탑 하 노이 디 쌔 뷧 쏘 머이 아

태극기	thái cực kỳ 타이 끅 끼	턱	cái cằm 까이 깜
태도	thái độ 타이 도	턱수염	râu 저우
태양	mặt trời 맛 쩌이	테니스	quần vợt 퀀 벗
태어나다.	sinh 씨잉	테마	đề tài 데 따이
태연하게	thản nhiên 탄 니엔	테스트하다.	thử 트
태풍	bão 바오	테이블	bàn, bảng 반, 방
택시	taxi 딱시	테이프	băng dính 방 지잉

텔레비전 볼륨 좀 줄여주세요.

Chị vặn nhỏ hộ em cái tivi.
찌 반 뇨 호 앰 까이 띠비

텔레비전 좀 보게 가만히 있어요.

Ngồi yên cho tôi xem tivi.
응오이 연 쪼 또이 쌤 띠비

텔레비전을 보고 있어요.

Đang xem tivi.
당 쌤 띠비

텔레비전을 보면서

vừa xem tivi
브어 쌤 띠비

토끼 con thỏ 콘 토

토너멘트 시합 đấu loại 더우 롸이

토라지다. dỗi 조이

토마토 cà chua 까 쭈어

토요일 thứ bảy 트 바이

톤(무게) tấn 떤

통 thùng 퉁

통계(상)의 thống kê 통 께

통과하다. thông qua 통 꽈

통관 hải quan 하이 꽌

통관하다. qua hải quan 꽈 하이 꽌

통상(보통) thông thường 통 트엉

통속의 thông tục 통 뚝

통신원 phóng viên 퐁 비엔

통역하다. phiên dịch 피엔 직

통일하다. thống nhất 통 녓

통통하다. mập 멉

통화중이다. máy bận 마이 번

토론하다. thảo luận, bàn bạc 타오 루언, 반 박

토의하다. bàn về, bàn luận 반 베, 반 루언

통역(사람) người phiên dịch 응어이 피엔 직

ㅌ

퇴근시간	giờ tan tầm 져 딴 떰	투창	lao 라오
투명한	trong 쫑	투표하다.	biểu quyết 비에우 꾸엣
투어하다.(콘서트)	lưu diễn 류 지엔	투피스	váy rời 바이 저이
투자법(법률)	luật đầu tư 루엇 더우 뜨	튀기다.	rán 잔
투자액	số tiền đầu tư 쏘 띠엔 더우 뜨	트랜지스터	bóng bán dẫn 봉 반 전
투자자	nhà đầu tư 냐 더우 뜨	트럼펫을 불다.	thổi kèn 토이 깬
투자하다.	đầu tư 더우 뜨	트렌드	xu hướng 쑤 흐엉
투쟁하다.	đấu tranh 더우 짜잉	특별한	đặc biệt 닥 비엣

투명한 파랑색 우비 — áo mưa màu xanh trong
아오 므어 머우 싸잉 쫑

트윈룸 — phòng có hai giường
퐁 꼬 하이 즈엉

특별히 그녀를 좋아하는 것도 아니야.
Tôi cũng không đặc biệt thích chị ấy.
또이 꿍 콩 닥 비엣 틱 찌 어이

특산품	đặc sản 닥 싼
특수성	đặc tính 닥 띠잉
특징	đặc trưng 닥 쯩
틀니	răng giả 장 쟈
틀니를 맞추다.	lắp răng giả 랍 장 쟈
틀렸어.	Nhầm rồi. 념 조이
틀린	nhầm 념
티슈	giấy ăn 져이 안
티켓	vé 배
팀 / 두 팀	đội / hai đội 도이 / 하이 도이
팁	tiền boa 띠엔 보아

특별히 준비해 두다.	dành riêng 자잉 지응
팀 / 우승팀	đội / đội vô địch 도이 / 도이 보 딕

ㅌ

II

한국어-베트남어 단어장

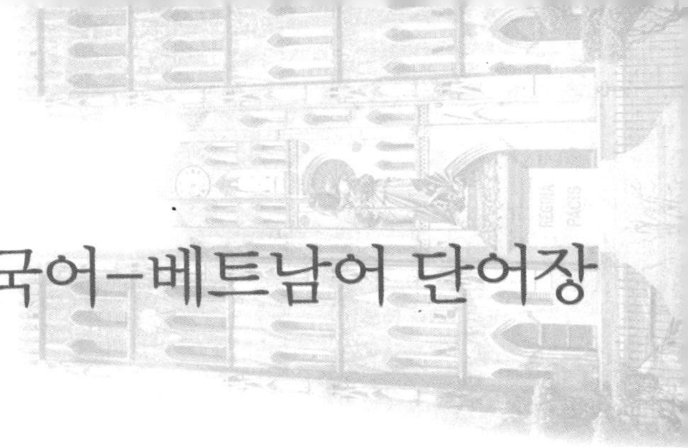

II

파(야채)	hành hoa 하잉 화
파고들다.(소문)	rành về 자잉 베
파괴되다.	tàn phá 딴 파
파다.(나무등)	khắc 칵
파도	sóng 쏭
파란색	màu xanh 머우 싸잉
파마	uốn 우온
파마하다.	uốn tóc 우온 똑
파면하다.	cách chức 까익 쯕
파산	phá sản 파 싼
파산하다.	đi đến phá sản 디 덴 파 싼
파업하다.	bãi công 바이 꽁
파인애플	quả dứa 꽈 즈어
파일(사무용품)	tập file 떱 파일
파일(전산)	tập tin 떱 띤
파충류	bò sát 보 쌋
파티하다.	liên hoan 리엔 호안
파파야	quả đu đủ 꽈 두 두

파란색으로 신어 봐도 되나요?

Tôi thử cái màu xanh kia được không ạ?

또이 트 까이 머우 싸잉 끼아 드억 콩 아

파트타임으로 일하다.

làm bán thời gian

람 반 터이 쟌

ㅍ

판결안 nghị án
응이 안

판결을 내리다. tuyên án
뚜엔 안

판단하다. nhận xét
년 쌧

판매하다. bán hàng
반 항

판사 thẩm phán
텀 판

팔 tay, cánh tay
따이, 까잉 따이

팔(숫자) tám
땀

팔십 tám mươi
땀 므어이

팔월 tháng tám
탕 땀

팔짱을 끼다. khoanh tay
콰잉 따이

팔찌 vòng tay
봉 따이

패션 thời trang
터이 짱

팩스 máy FAX
마이 빡스

팩을 하다.(피부) đắp mặt
답 맛

팬(애호가) người hâm mộ
응어이 험 모

팬티 quần lót
퀀 롯

퍼센트(%) phần trăm
펀 짬

퍼지다. lan rộng
란 종

퍼트리다. làm lây lan
람 러이 란

펌프 máy bơm
마이 범

팔다. / 잘 팔리다. bán / bán chạy
반 / 반 짜이

팩 / 맥주 한 팩 thùng / 1 thùng bia
퉁 / 못 퉁 비아

페인트 sơn
썬

펜 bút
붓

펭귄 chim cánh cụt
찜 까잉 꿋

펴다. trải
짜이

편리한 tiện lợi
띠엔 러이

편안하다.(마음) thoải mái
토아이 마이

편지 thư
트

편지를 기다리다. mong thư
몽 트

편지를 보내다. gửi thư
그이 트

편지를 쓰다. viết thư
비엣 트

편집자 biên tập viên
비엔 떱 비엔

편집장 tổng biên tập
똥 비엔 떱

편해지다. dễ chịu
제 찌우

평(아파트) khoảng không
쾅 콩

평가하다. đánh giá
다잉 쟈

평균의 trung bình
쭝 비잉

평등하다. bình đẳng
비잉 당

평방미터 mét vuông
맷 부옹

페이지 / 3 페이지 trang / trang 3
짱 / 짱 바

편지를 우체통에 넣다. bỏ thư vào thùng thư
보 트 바오 퉁 트

평균기온 nhiệt độ trung bình
니엣 도 쭝 비잉

평상시	bình thường 비잉 트엉
평야	đồng bằng 동 방
평영(수영)	bơi ếch 버이 에익
평일	ngày thường 응아이 트엉
평화	hòa bình 화 비잉
폐(의학)	lá phổi 라 포이
폐를 끼치다.	làm phiền 람 피엔
폐병	bệnh phổi 버익 포이
포기하다.	từ bỏ, bỏ rơi 뜨 버, 버 저이
포기하지 마.	Đừng từ bỏ. 등 뜨 버
포도	quả nho 꽈 뇨
포맷하다.(전산)	định dạng 딕 장
포장하다.	gói 고이
포크	dĩa 지아

평상시에도 좀 늦는 편이다.
Bình thường cũng hơi muộn.
비잉 트엉 꿍 허이 무온

폐가 되지 않는다면
nếu chị không phiền
네우 찌 콩 피엔

폐를 끼쳤네요.
Làm phiền chị.
람 피엔 찌

포장해주세요.
Gói vào cho tôi.
고이 바오 조 또이

포함하다. gồm 곰

폭(옷감) khổ 코

폭탄 bom 봄

폭포 thác 탁

폴더(전산) thư mục 트 묵

폴란드 Ba lan 바 란

표 vé 배

표(설문) phiếu 피에우

표시하다. biểu thị 비에우 티

표준 tiêu chuẩn 띠에우 쭈언

표준어 ngôn ngữ chuẩn 응온 응으 쭈언

표현 biểu hiện 비에우 히엔

푸다. múc ra 묵 자

푸딩 karamen 까라맨

푹 자다. ngủ ngon 응우 응온

풀(사무용품) hồ 호

풀다. tháo 타오

품목 mặt hàng 맛 항

품질 chất lượng 쩟 르엉

풍경 phong cảnh 퐁 까잉

표 예약해 주실 수 있으세요?
Chị có thể giúp em đặt một vé được không?
찌 꼬 테 줍 앰 닷 못 배 드억 콩

풍금 phong cầm
퐁 껌

풍부한 phong phú
퐁 푸

풍부한 맛 đậm đà
덤 다

풍습 phong tục
퐁 뚝

프라이팬 chảo
짜오

프랑스 Pháp
팝

프랑스어 tiếng Pháp
띠응 팝

프런트데스크 bàn tiếp tân
반 띠엡 떤

프로그래머 lập trình viên
럽 찌잉 비엔

프로듀서 nhà sản xuất
냐 싼 쑤엇

프로세스(전산) quá trình
꽈 찌잉

프로젝트 dự án, đề án
즈 안, 데 안

프로페셔널 chuyên nghiệp
쭈엔 응이엡

프린터기 máy in
마이 인

프린트지 giấy photocopy
져이 포또까피

피 máu
마우

프로그래밍하다.(전산) lập trình
럽 찌잉

프로그램 계획시간표(TV) chương trình
쯔엉 찌잉

프로그램 팸플릿 chương trình biểu diễn
쯔엉 찌잉 비에우 지엔

플라스틱으로 만들다. làm bằng nhựa
람 방 느어

ㅍ

피가 나다. chảy máu
짜이 마우

피곤하다. mệt, mệt mỏi
멧, 멧 모이

피곤할 텐데 Mệt lắm nhỉ.
멧 람 니

피곤해도 mệt nhưng
멧 능

피동 bị động
비 동

피망 ớt tây
엇 떠이

피부 da
자

피우다. hút
훗

피임약 thuốc tránh thai
투억 짜잉 타이

피하다. tránh
짜잉

핀란드 Phần Lan
펀 란

핀을 꼽다.(머리) cặp tóc
깝 똑

필수적이다. cần thiết
껀 티엣

필요 없다. không cần
콩 껀

필요하다. cần
껀

필통 hộp bút
홉 붓

핏기가 없다. nước da xấu
느억 자 써우

핑크색 màu hồng
머우 홍

플루트(피리)를 불다. thổi sáo
토이 싸오

피부가 하얗다. Da trắng lắm.
자 짱 람

필름을 현상하다. tráng một cuộn phim
짱 못 꾸온 핌

10

한국어-베트남어 단어장

5

하고 싶다. muốn
무온

하노이 Hà Nội
하 노이

하노이 인구 dân số Hà Nội
전 쏘 하노이

하는 동안에 trong khi
쫑 키

하는 척하다. vờ
버

하늘 bầu trời
버우 쩌이

하늘색 màu xanh da trời
머우 싸잉 자 쩌이

하드(전산HDD) ổ cứng
오 끙

하드웨어(전산) phần cứng
펀 끙

하려하지 않다. không chịu
콩 찌우

하루 종일 cả ngày
까 응아이

하루 중에 trong ngày
쫑 응아이

하나도 이해 못하다. Không hiểu gì cả.
콩 히에우 지 까

하노이 면적 diện tích Hà Nội
지엔 띡 하 노이

하늘이 맑다. bầu trời quang đãng
버우 쩌이 꽝 당

하려고만 하면 뭘 못해.
Muốn thì làm gì mà không được.
무온 티 람 지 마 콩 드억

하롱베이는 하노이에서 얼마나 떨어져 있어요?
Hạ Long cách Hà Nội bao nhiêu cây số?
하 롱 까익 하 노이 바오 니에우 꺼이 쏘

하마터면	suýt nữa 쉿 느어	하지만	nhưng mà, nhưng 능 마, 능
하얀색	màu trắng 머우 짱	학과	bài học 바이 혹
하인	đầy tớ 더이 떠	학교	trường học 쯔엉 혹

하루 종일 내내 — suốt một ngày
쑤옷 못 응아이

하루만 묵어야겠어. — Tôi sẽ chỉ ở lại 1 ngày thôi.
또이 쌔 찌 어 라이 못 응아이 토이

하마터면 교통사고가 날 뻔했다.
Suýt nữa thì bị tai nạn giao thông.
쉿 느어 티 비 따이 난 쟈오 통

하얀색인거요. — cái màu trắng
까이 머우 짱

하지만 지금 상황에선 이게 최선이야.
Nhưng mà trong tình huống bây giờ thì thế này là tốt nhất rồi.
능 마 쫑 띠잉 후옹 버이 져 티 테 나이 라 뜻 녓 조이

학과의 책임자 — chủ nhiệm khoa
쭈 니엠 콰

학교 가지 않을 때는 — khi không đi học
키 콩 디 혹

학교가다. đi học
디 혹

학기 học kỳ
혹 끼

학생 sinh viên
씨잉 비엔

학습하다. học tập
혹 떱

학우 bạn học
반 혹

학위 bằng cấp, học vị
방 껍, 혹 비

학장 hiệu trưởng
히에우 쯔엉

한 걸음 một bước
못 브억

한 번 더 1 lần nữa
못 런 느어

한 후부터 đến lượt tôi
덴 르엇 또이

한가한 rỗi, rảnh
조이, 자잉

한도를 늘리다. dài hạn
자이 한

학교마다 다르다. mỗi trường một khác
모이 쯔엉 못 칵

학교에 지각하다. đi học muộn
디 혹 무온

한 번 더 말씀해 주세요. Xin nói lại một lần nữa.
씬 노이 라이 못 런 느어

한 번도 미국에 기본적 없어.
Tôi chưa đi Mỹ lần nào.
또이 쯔어 디 미 런 나오

한 부 복사해 주실 수 있으세요?
Có thể photocopy cho tôi một bản được không?
꼬 테 포또까피 조 또이 못 반 드억 콩

ㅎ

한국 Hàn Quốc
한 꿕

한개 남아 있어. Còn một cái nữa.
꼰 못 까이 느어

한개 더 주세요. Cho tôi một cái này nữa ạ.
조 또이 못 까이 나이 느어 아

한개 얼마예요?(싼 것에 물을 때)
Mấy nghìn một cái ạ?
머이 응인 못 까이 아

한개만 주세요. Chỉ cho tôi một cái thôi ạ.
찌 조 또이 못 까이 토이 아

한국 사람이예요. Tôi là người Hàn Quốc.
또이 라 응어이 한 꿕

한국 사람과 베트남사람은 비슷해요.
Người Hàn Quốc và người Việt Nam giống nhau.
응어이 한 꿕 바 응어이 비엣 남 죵 냐우

한국 사람은 성질이 급한 것으로 유명한데 당신은 그보다 더 하네요.
Người Hàn Quốc nổi tiếng về cái tính khẩn trương thế mà chị còn hơn đấy.
응어이 한 꿕 노이 띠응 베 까이 띠잉 컨 쯔엉 테 마 찌 꼰 헌 더이

한국 선수들이 경기를 정말 잘해.
Cầu thủ Hàn Quốc chơi rất hay.
꺼우 투 한 꿕 쩌이 젓 하이

한국 스타 중에 누가 제일 좋아요?
Chị thích nhất ngôi sao nào của Hàn Quốc?
찌 틱 녓 응오이 싸오 나오 꾸어 한 꿕

한국 음악 좀 들려줄까?
Chị cho em nghe nhạc Hàn Quốc nhé.
찌 조 앰 응애 냑 한 꿕 내

한국 제품입니다.
Đây là hàng Hàn Quốc.
더이 라 항 한 꿕

한국과 베트남은 좀 비슷해.
Việt Nam và Hàn Quốc hơi giống nhau.
비엣 남 바 한 꿕 허이 죵 냐우

한국과 베트남의 관계가 갈수록 발전한다.
Quan hệ giữa Hàn Quốc và Việt Nam càng ngày càng phát triển.
꽌 헤 즈어 한 꿕 바 비엣 남 깡 응아이 깡 팟 찌엔

한국과 비교할 때, 베트남 월세는 너무 비싸.
So với Hàn Quốc, thuê nhà ở Việt Nam rất đắt.
쏘 버이 한 꿕, 투에 냐 어 비엣 남 젓 닷

한국과 비교해보면
so với Hàn Quốc
쏘 버이 한 꿕

한국국민 모두
cả nước Hàn Quốc
까 느억 한 꿕

한국사람
người Hàn Quốc
응어이 한 꿕

한국어를 베트남어로 번역하다.
Dịch từ tiếng Hàn ra tiếng Việt.
직 뜨 띠응 한 자 띠응 비엣

ㅎ

한국어를 잘 하시네요.
Chị nói tiếng Hàn Quốc tốt lắm.
찌 노이 띠응 한 꿕 뜻 람

한국어를 할 수 있어요?
Chị có biết nói tiếng Hàn không?
찌 꼬 비엣 노이 띠응 한 콩

한국에 기본적 있어요?
Chị đã đi Hàn Quốc bao giờ chưa ạ?
찌 다 디 한 꿕 바오 져 쯔어 아

한국에 대해 어떻게 생각하세요?
Chị thấy Hàn Quốc thế nào?
찌 터이 한 꿕 테 나오

한국에 비하면, 여름이 더 길고 뜨겁고 습도가 높아.
So với Hàn Quốc, mùa hè dài hơn, nắng hơn, và độ ẩm cao hơn.
쏘 버이 한 꿕, 무어 해 자이 헌, 낭 헌, 바 도 엄 까오 헌

한국에서 겨울엔 눈이 많이 온다.
Vào mùa đông ở Hàn Quốc, tuyết rơi rất nhiều.
바오 무어 동 어 한 꿕, 뚜엣 저이 젓 니에우

한국에서 굉장히 유명한 분이야.
Chị ấy rất nổi tiếng ở Hàn Quốc.
찌 어이 젓 노이 띠응 어 한 꿕

한국에서 왔어. Tôi đến từ Hàn Quốc.
또이 덴 뜨 한 꿕

한국영화만 좋아하다. chỉ thích phim Hàn Quốc thôi
찌 틱 핌 한 꿕 토이

한숨 쉬다. thở dài
터 자이

한쪽 편에 서다. bênh vực
베잉 븍

한턱을 내다. chiêu đãi, đãi
찌에우 다이, 다이

할 가치가 있는 đáng
당

할 것이다. sẽ
쌔

할머니 bà
바

ㅎ

한국음력과 베트남음력이 다르다는 것을 알고 깜짝 놀랐어.
Tôi rất ngạc nhiên khi biết lịch âm của Hàn Quốc và Việt Nam khác nhau.
또이 젓 응악 니엔 키 비엣 릭 엄 꾸어 한 꿕 바 비엣 남 칵 나우

한국적 방식 phong cách Hàn Quốc
퐁 까익 한 꿕

한권만 사요? Chỉ mua 1 quyển thôi ạ?
찌 무어 못 꾸엔 토이 아

한번 보세요. Chị thử nhìn xem đi.
찌 트 닌 쌤 디

한번 본 것 같아. Tôi nghĩ là xem rồi.
또이 응이 라 쌤 조이

한번 해 보세요. Mời thử một lần ạ.
머이 트 못 런 아

한번만 봐주세요. Hãy bỏ quá cho tôi 1 lần đi mà.
하이 보 꽈 조 또이 못 런 디 마

한베사전 từ điển Hàn-Việt
뜨 디엔 한 비엣

할아버지	ông 옹	합리적인	hợp lý 헙 리
할아버지와 할머니	ông bà 옹 바	합성하다.(사진)	ghép ảnh 갭 아잉
할인	giảm giá, hạ giá 잠 자, 하 자	합의하다.	đồng ý 동 이
함께	cùng 꿍	합작경영	liên doanh 리엔 좌잉
함께 가다.	cùng đi 꿍 디	합치다.	kết hợp 껫 헙
함성을 지르다.	reo hò 재오 호	항공	hàng không 항 콩
합격했어요.	Tôi qua rồi. 또이 꽈 조이	항공권	vé máy bay 배 마이 바이

할 말이 없어.	Chẳng có lời gì để nói. 짱 꼬 러이 지 데 노이
할 얘기가 뭔데요?	Chị định nói gì? 찌 딕 노이 지
할일이 없어	Chẳng có việc gì để làm. 짱 꼬 비역 지 데 람
함께 일하는 친구	bạn cùng làm việc 반 꿍 람 비역
합작을 하실 건가요?	Làm theo cách liên doanh? 람 태오 까익 리엔 좌잉

항공우편 gửi thư máy bay
그이 트 마이 바이

항공회사 hãng hàng không
항 항 콩

항구 cảng
깡

항로 đường hàng không
드엉 항 콩

항상 luôn luôn
루언 루언

항생제 thuốc kháng sinh
투억 캉 씨잉

항의하다. thắc mắc
탁 막

해가 되다. làm hại
람 하이

해결하다. giải quyết
쟈이 꾸엣

해고 sa thải, đuổi việc
싸 타이, 두오이 비역

해로 đường biển
드엉 비엔

해방하다. giải phóng
쟈이 퐁

해법 giải pháp
쟈이 팝

해변 bãi biển
바이 비엔

해산물 hải sản
하이 싼

해산하다. giải tán
쟈이 딴

해안 bờ biển
버 비엔

핵 hạt nhân
핫 년

항공 운송입니까? Vận chuyển bằng đường không?
번 쭈엔 방 드엉 콩

항상 곁에 두세요. Hãy luôn ở bên cạnh nhé.
하이 루언 어 벤 까잉 냬

해고되다. bị sa thải, bị đuổi việc
비 싸 타이, 비 두오이 비역

ㅎ

핵폭탄 bom hạt nhân 봄 핫 년	행복 hạnh phúc 하잉 푹
핸드폰 điện thoại di động 디엔 토와이 지 동	행복해지다. gặp may 갑 마이
햇볕이 내리쬐다. nắng 낭	행사가 열리다. diễn ra 지엔 자
햇빛 tia nắng 띠아 낭	행상하다. bán rong 반 종
행동 hành động 하잉 동	행성 hành tinh 하잉 띠잉

해운 운송입니까? Vận chuyển bằng đường biển?
번 쭈엔 방 드엉 비엔

핸드폰 번호가 뭐예요?
Điện thoại di động của chị số bao nhiêu ạ?
디엔 토와이 지 동 꾸어 찌 쏘 바오 니에우 아

햇볕이 따뜻하네. Nắng ấm quá.
낭 엄 꽈

햇빛이 이글거리는 nắng chói chang
낭 쪼이 짱

행복하게 살아. Sống hạnh phúc đi.
쏭 하잉 푹 디

행복하시고 장수하시기 바랍니다.
Chúc chị hạnh phúc và sống lâu.
쭉 찌 하잉 푹 바 쏭 러우

행운	may mắn	마이 만
행정	hành chính	하잉 찌잉
향기	hương, mùi thơm	흐엉, 무이 텀
향기가 좋은	có mùi thơm	꼬 무이 텀
향기로운	thơm	텀
향상되다.	tiến bộ	띠엔 보
향상시키다.	nâng cấp	넝 껍
향수	nước hoa	느억 화
향수병에 걸리다.	nhớ nhà	녀 냐
향채(야채)	rau thơm	자우 텀
허가서	giấy phép	져이 팹
허락을 구하다.	xin phép	씬 팹
허락하다.	cho phép	쪼 팹
허리띠를 매다.	thắt lưng	탓 릉
허벅다리	bắp đùi	밥 두이
허풍떨다.	nói khoác	노이 콱
헌법	hiến pháp	히엔 팝
헐거운(옷)	rộng	종

향이 참 좋네요.	Mùi trà thơm thật.	무이 짜 텀 텃
향채 빼주세요.	Không cho rau thơm. chị ạ.	콩 쪼 자우 텀, 찌 아
허락하지 않다.	không cho phép	콩 쪼 팹

헤어져야 한다.	phải chia tay 파이 찌아 따이
헤어지다.	chia tay 찌아 따이
헥타르	héc-ta 헥 따
헬멧	mũ bảo hiểm 무 바오 히엠
혀	lưỡi 르어이
혁명	cách mạng 까익 망
혁신하다.	đổi mới 도이 머이
현(도시)	huyện 휘엔
현금	tiền mặt 띠엔 맛
현금자동지급기	ATM 에이티엠
현기증이 나는	chóng mặt 쫑 맛
현대적인	hiện đại 히엔 다이
현대화	hiện đại hóa 히엔 다이 화
현상	hiện tượng 히엔 뜨엉

헬멧을 쓰다. đội mũ bảo hiểm
도이 무 바오 히엠

현 상태 tình hình hiện nay
띵 힝 히엔 나이

현금으로 지불하실 겁니까? Trả bằng tiền mặt?
짜 방 띠엔 맛

현금으로 하실 건가요? 카드로 하실 건가요?
Chị mang tiền mặt hay thẻ tín dụng?
찌 망 띠엔 맛 하이 태 띤 중

현상하다.	rửa 즈어
현수막	biểu ngữ 비에우 응으
현장에서	tại chỗ 따이 쪼
혈색	nước da 느억 자
혈색이 좋다.	nước da đẹp 느억 자 댑
혈압	huyết áp 휘엣 압
혈통	huyết thống 휘엣 통
혈통손자	cháu nội 짜우 노이
협정문	bản hiệp định 반 히엡 딩
협회	hiệp hội 히엡 호이
형, 오빠	anh trai 아잉 짜이
형, 오빠(호칭)	anh 아잉
형과 누나	anh chị 아잉 찌
형벌	trừng phạt 쯩 팟
형부	anh rể 아잉 제
형성하다.	hình thành 히잉 타잉
형수	chị dâu 찌 저우
형식	hình thức 히잉 특
형용사	tính từ 띠잉 뜨
형제	anh em 아잉 앰
현장에서 걸리다.	bị bắt quả tang 비 밧 꽈 땅
협력하다.	cộng tác, hợp tác 꽁 딱, 헙 딱

형태	hình thức 히잉 특	호박(야채)	bí 비
호기심 있는	tò mò 떠 머	호박잎	rau bí 자우 비
호되다.	khắt khe 캇 캐	호소하다.	kêu gọi 께우 고이
호랑이	hổ 호	호수	hồ 호
호랑이띠	tuổi hổ 뚜어이 호	호주	úc 욱
호루라기를 불다.	thổi còi 토이 꼬이	호텔	khách sạn 카익 싼
호르몬	kích thích tố 끽 틱 또	호흡	hơi thở 허이 터

호치민시에 갈 기회가 아직 없었어요.
Tôi chưa có dịp đến thành phố Hồ Chí Minh.
또이 쯔어 꼬 집 덴 타잉 포 호 찌 미잉

호치민시 — thành phố Hồ Chí Minh
타잉 포 호 찌 미잉

호치민시 가는 비행기 표 사려고요.
Tôi muốn mua vé máy bay đi thành phố Hồ Chí Minh ạ.
또이 무온 무어 배 마이 바이 디 타잉 포 호 찌 미잉 아

호흡하다.	thở 터	혼합의	thập cẩm 텁 껌
혹시	liệu 리에우	홍보를 하다.	cổ động 꼬 동
혹은	hay 하이	홍수	lũ lụt 루 룻
혼동하다.	lẫn lộn 런 론	홍수나다.	bị lũ lụt 비 루 룻
혼자	một mình 못 미잉	홍콩	Hồng Kông 홍 꽁

호치민시에 가본 적이 있어요?
Chị đã đến thành phố Hồ Chí Minh bao giờ chưa?
찌 다 덴 타잉 포 호 찌 미잉 바오 져 쯔어

호치민주석
chủ tịch Hồ Chí Minh
쭈 띡 호 찌 미잉

혹시 내 열쇠 가지고 있어요?
Liệu chị có cầm chìa khóa của em không nhỉ?
리에우 찌 꼬 껌 찌아 콰 꾸어 앰 콩 니

혹시 히엔집인가요?
Phải nhà Hiền đây không ạ?
파이 냐 히엔 더이 콩 아

혼자 시간 보내는걸 좋아해.
Tôi thích được yên tĩnh.
또이 틱 드억 연 띠잉

혼자 어떻게 하시려고요?
1 mình chị định làm gì?
못 미잉 찌 딕 람 지

ㅎ

화가	họa sĩ 화 씨
화나는	bực mình, tức 븍 미잉, 뜩
화랑	phòng tranh 퐁 짜잉
화면(전산)	màn hình 만 히잉
화보	họa báo 화 바오
화산	núi lửa 누이 르어
화살	mũi tên 무이 뗀
화상	bị bỏng 비 봉
화요일	thứ ba 트 바
화원	vườn hoa 부언 화
화장대	bàn trang điểm 반 짱 디엠
화장실	nhà vệ sinh 냐 베 씨잉
화장실에 가다.	đi vệ sinh 디 베 씨잉
화장하다.	trang điểm 짱 디엠
화학	hóa học 화 혹
확대하다.	mở rộng 머 종
확실히	chắc chắn 짝 짠
확인하다.	xác nhận 싹 년

화나네.	Bực mình quá, Tức quá! 븍 미잉 꽈, 뜩 꽈
화장실이 어디예요?	Nhà vệ sinh ở đâu? 냐 베 씨잉 어 더우
화장품을 쓰다.	dùng mỹ phẩm 중 미 펌

확정하다.	xác định 싹 딕	환전하다.	chuyển đổi 쭈옌 도이
환경	môi trường 모이 쯔엉	황금	vàng 방
환불하다.	trả lại 짜 라이	회 / 2회	lượt / 2 lượt 르엇 / 하이 르엇
환어음	hối phiếu 호이 피에우	회계	kế toán 께 또안
환영하다.	hoan nghênh 환 응에잉	회담	hội đàm 호이 담
환율	tỉ giá 띠 쟈	회비	đoàn phí 도안 피
환자	bệnh nhân 버익 년	회사	công ty 꽁 띠

확대하실 필요는 없어요. Không cần phóng to.
콩 껀 퐁 또

환율이 오늘 어떻게 되나요?
Hôm nay tỉ giá là bao nhiêu?
홈 나이 띠 쟈 라 바오 니에오

환전 어디에서 해요? Đổi tiền ở đâu ạ?
도이 띠엔 어 더우 아

활발하게 발전하다. phát triển mạnh
팟 찌엔 마잉

ㅎ

회사로 와. Đến công ty đi.
덴 꽁 띠 디

회상하다. nhớ lại
녀 라이

회원 hội viên
호이 비엔

회의 họp
홉

회의에서 trong cuộc họp
쫑 꾸옥 홉

회의하러 가다. đi họp
디 홉

회초리 roi
조이

회화(그림) hội họa
호이 화

회화(대화) hội thoại
호이 토와이

횡단보도 lối sang đường
로이 쌍 드엉

효과 hiệu quả
히에우 꽈

효도하다. hiếu thảo
히에우 타오

후추 hạt tiêu
핫 띠에우

훈련하다. tập luyện
떱 루엔

회사에 둔거 아니야? 회사에 가 보자.
Không phải là đã để ở công ty à? Thử đến công ty xem nào.
콩 파이 라 다 데 어 꽁 띠 아, 트 덴 꽁 띠 쌤 나오

회사에 바래다 주세요.
Chị đèo em đến cơ quan nhé!
찌 대오 앰 덴 꺼 꽌 냬

회사에 있어요. Đang ở công ty.
당 어 꽁 띠

후회하다. ân hận, thương tiếc
언 헌, 트엉 띠엑

훈장	huy hiệu 휘 히에우
훌륭한	đẹp 댑
훔치다.	ăn cắp, lấy trộm 안 깝, 러이 쫌
휘젓다.	khuấy 쿠어이
휘파람을 불다.	huýt sáo 휫 싸오
휴가를 가다.	đi nghỉ mát 디 응이 맛
휴대용의	cầm tay 껌 따이
휴식	nghỉ 응이
휴일	ngày nghỉ 응아이 응이
휴지(두루마리)	giấy vệ sinh 져이 베 씨잉
휴학하다.	nghỉ học 응이 혹
흉내 내다.	mô phỏng 모 퐁
흉년	năm mất mùa 남 멋 무어
흐르다.(시간)	trôi 쪼이
흐르다.(유동)	chảy 짜이
흐리다.(날씨)	âm u 엄 우
흐린	mờ 머
흑맥주	bia đen 비아 댄
흑백사진	ảnh đen trắng 아잉 댄 짱
흑인	người da đen 응어이 자 댄
흔적	vết, dấu hiệu 벳, 저우 히에우
흘리다.(바닥)	rơi 저이
흔하지 않다.	không nhiều đâu 콩 니에우 더우

흘리지 마.	Đừng đánh rơi. 등 다잉 저이
흠 없는	hoàn toàn 호안 또안
흡입하다.	hít 힛
흥분하다.	phấn khởi 펀 커이
흥정하다.	mặc cả 막 까
희귀한	hiếm có 히엠 꼬
희극	hài kịch 하이 끽
희망	mơ ước 머 으억
희생	hy sinh 히 씨잉
희생자	nạn nhân 난 년
흰 우유	sữa nguyên chất 쓰어 응우엔 쩟
흰 피부	da trắng 자 짱
힘(능력)	tài năng 따이 낭
힘(물리)	sức lực 쓱 륵
힘(체력)	sức mạnh 쓱 마잉
힘내	Vui lên. 부이 렌

흔한 음식 món ăn thông thường
몬 안 통 트엉

희망이 없다. không có hy vọng
콩 꼬 히 봉

흰 우유에도 설탕이 들어 있어서 놀랐어.
Sữa nguyên chất cũng có đường nên tôi đã rất ngạc nhiên.
쓰어 응우엔 쩟 꿍 꼬 드엉 넨 또이 다 젓 응악 니엔

힘드네.	Vất vả nhỉ. 벗 바 니	PC방	quán chát 꽌 짯
힘든	vất vả 벗 바	USB를 꼽다.	cắm USB 깜 우엣베
CD를 굽다	ghi đĩa cd 기 디아 씨디		

힘들어 죽겠네.	Mệt chết mất. 멧 쩻 멋
MP3플레이어	máy nghe nhạc mp3 마이 응애 냑 엠피바
TV드라마	phim truyền hình 핌 쭈옌 히잉

부 록

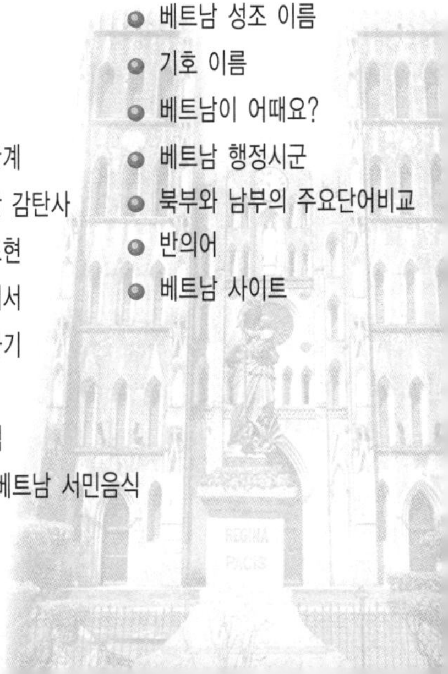

부록

숫자

0	không 콩	10	mười 므어이
1	một 못	20	hai mươi 하이 므어이
2	hai 하이	30	ba mươi 바 므어이
3	ba 바	40	bốn mươi 본 므어이
4	bốn 본	50	năm mươi 남 므어이
5	năm 남	60	sáu mươi 싸우 므어이
6	sáu 싸우	70	bảy mươi 바이 므어이
7	bảy 바이	80	tám mươi 땀 므어이
8	tám 땀	90	chín mươi 찐 므어이
9	chín 찐	100	một trăm 못 짬

천(1000)	một nghìn / 약 70원 못 응인
만(10000)	mười nghìn / 약 700원 므어이 응인
십만(100000)	một trăm nghìn / 약 7000원 못 짬 응인
백만(1000000)	một triệu / 약 7만원 못 찌에우
십억(1000000000)	một tỷ / 약 7천만원 못 띠

(* 1000동에 70원의 환율을 적용시)

시간

시	giờ 져	반	rưỡi 즈어이
분	phút 풋	전	kém 깸
초	giây 져이	오전 7시	bảy giờ sáng 바이 져 쌍
정각	đúng 둥	오후 3시	ba giờ chiều 바 져 찌에우

3시 10분	ba giờ mười phút 바 져 므어이 풋
3시 10분전	ba giờ kém mười phút 바 져 깸 므어이 풋
3시 반	ba giờ rưỡi 바 져 즈어이
정각 3시	đúng ba giờ 둥 바 져

요일

일요일	chủ nhật 쭈 녓	목요일	thứ năm 트 남
월요일	thứ hai 트 하이	금요일	thứ sáu 트 싸우
화요일	thứ ba 트 바	토요일	thứ bảy 트 바이
수요일	thứ tư 트 뜨		

월

일월	tháng giêng 탕 지응	칠월	tháng bảy 탕 바이
이월	tháng hai 탕 하이	팔월	tháng tám 탕 땀
삼월	tháng ba 탕 바	구월	tháng chín 탕 찐
사월	tháng tư 탕 뜨	시월	tháng mười 탕 므어이
오월	tháng năm 탕 남	십일월	tháng mười một 탕 므어이 못
유월	tháng sáu 탕 싸우	십이월	tháng mười hai 탕 므어이 하이

호칭

할아버지(약 50세 이상) / 3인칭	ông / ông ấy 옹 / 옹 어이
할머니(약 45세 이상) / 3인칭	bà / bà ấy 바 / 바 어이

삼촌, 아저씨	chú, bác 쭈, 박
형, 남편(부인이 부를 때) / 3인칭	anh / anh ấy 아잉 / 아잉 어이
누나, 언니 / 3인칭	chị / chị ấy 찌 / 찌 어이
아가씨 / 3인칭	cô / cô ấy 꼬 / 꼬 어이
당신(친구사이)	cậu 꺼우
나(친구사이)	tớ 떠
매우 나이가 많은 사람(존경의 의미)	cụ 꾸
손자, 나이 많이 어린 사람	cháu 짜우
동생	em 앰
나(나이와 상관없이 독립적으로 나를 표현할 때)	tôi 또이

부록

가족관계

할아버지 ông 옹	남동생 em trai 앰 짜이
할머니 bà 바	딸 con gái 꼰 가이
엄마 mẹ 매	아들 con trai 꼰 짜이
아빠 bố 보	손녀 cháu gái 짜우 가이
부인 vợ 버	손자 cháu trai 짜우 짜이
남편 chồng 쫑	며느리 con dâu 꼰 저우
언니, 누나 chị gái 찌 가이	사위 con rể 꼰 제
오빠, 형 anh trai 아잉 짜이	고모 cô 꼬
여동생 em gái 앰 가이	이모 dì 지

간단한 감탄사

네	vâng, vâng ạ, dạ	벙, 벙 아, 자
응	ừ, có	으, 꼬
어! (놀람)	ôi	오이
오, 와 (감탄)	ồ	오
자(말을 시작할때)	nào	나오
아니요.	không	콩
안돼요.	không được	콩 드억
맞아요.	đúng , đúng rồi	둥, 둥 조이
그래? 그래.	thế á, thế à.	테 아, 테 아
됐어.	thôi	토이
됩니다.	được.	드억
어때?	thế nào?	테 나오
좋지?	thích chứ	틱 쯔
이럴수가. 맙소사.	trời ơi	쩌이 어이
아이구!	chết!	쩻
좋아.	ok	오께
농담이야.	đùa thôi	두어 토이
믿을 수 없어.	không tin được.	콩 띤 드억

부록

감정표현

한국어	Tiếng Việt	발음
피곤해.	Mệt lắm.	멧 람
우울해.	Rất buồn.	젓 부온
짜증나.	Chán quá.	짠 꽈
졸려.	Buồn ngủ quá.	부온 응우 꽈
춥네.	Lạnh quá.	라잇 꽈
웃기네.	Buồn cười quá.	부온 끄어이 꽈
즐거워	Rất vui.	젓 부이
부끄러워.	Xấu hổ.	써우 호
화나.	Tức quá.	뜩 꽈
활짝 웃어.	Cười lên.	끄어이 렌
울지마.	Đừng khóc.	등 콕
걱정하지 마.	Đừng lo.	등 로
신경쓰지마.	Đừng bận tâm.	등 번 떰
무서워.	Sợ.	써
힘내.	Cố lên.	꼬 렌
실망이야.	Thất vọng.	텃 봉
포기하지마.	Đừng từ bỏ.	등 뜨 버
최선을 다해.	Hết sức đi.	헷 쓱 디

택시에서

운전사	người lái xe 응어이 라이 쌔
기본요금	giá cơ bản 쟈 꺼 반
좌회전하다.	rẽ trái 재 짜이
우회전하다.	rẽ phải 재 파이
오른쪽	bên phải 벤 파이
왼쪽	bên trái 벤 짜이
정면	trước mặt 쯔억 맛
길 건너편	bên kia đường 벤 끼아 드엉
직진하다.	đi thẳng 디 탕
되돌아가다.	quay lại 꽈이 라이
다리를 건너다.	đi qua cầu 디 꽈 꺼우
한국 대사관으로 가주세요.	Cho tôi đến Đại sứ quán Hàn Quốc. 조 또이 덴 다이 쓰 꽌 한 꿕
계속 똑바로 직진하다.	cứ đi thẳng 끄 디 탕
300m 정도 직진하다.	đi thẳng khoảng 300 mét 디 탕 쾅 바 짬 맷

부록

에어컨 켜주세요. Xin bật máy điều-hòa giúp ạ.
씬 벗 마이 디에우 화 쥽 아

창문 닫아 주세요. Xin đóng cửa sổ giúp ạ.
씬 동 끄어 쏘 쥽 아

왼쪽으로 돌지마세요. Đừng rẽ trái.
등 재 짜이

이쪽이 대우빌딩 가는 길 맞나요?
Đây có phải là đường tới tòa nhà Daewoo không ạ?
더이 꼬 파이 라 드엉 떠이 또아 냐 대우 콩 아

맞는 길로 가고 있나요? Chị có đi đúng đường không?
씨 꼬 디 둥 드엉 콩

길끝 사거리까지 가세요. Xin đến ngã tư cuối phố này.
씬 덴 응아 뜨 꾸오이 포 나이

여기서 세워주세요. Cho tôi xuống đây.
조 또이 쑤엉 더이

거스름돈 주세요. Cho tôi tiền lẻ.
조 또이 띠엔 래

쇼핑하기

지불하다.	trả tiền 짜 띠엔
거스름돈	tiền lẻ 띠엔 래
현금	tiền mặt 띠엔 맛
봉지	túi 뚜이
보증기간	thời gian bảo hành 터이 쟌 바오 하잉
어디서 살 수 있어요?	Có thể mua ở đâu? 꼬 테 무어 어 더우
어디에 쓰는 거야?	Cái này dùng làm gì? 까이 나이 중 람 지
그냥 구경하는 거예요.	Tôi chỉ xem thôi ạ. 또이 찌 쌤 토이 아
어느 나라 제품이예요?	Đây là sản phẩm của nước nào? 더이 라 싼 펌 꾸어 느억 나오
더 작은 것은 없나요?	Có cái nhỏ hơn không ạ? 꼬 까이 뇨 헌 콩 아
다른 색도 있어요?	Có màu khác không ạ? 꼬 머우 칵 콩 아
더 큰 것은 없나요?	Có cái to hơn không ạ? 꼬 까이 또 헌 콩 아

좀 더 싼 것이 있어요?	Có loại nào rẻ hơn không ạ? 꼬 롸이 나오 재 헌 콩 아
어때? 예뻐?	Thế nào? đẹp phải không? 테 나오, 댑 파이 콩
안 어울려. 사지마.	Không hợp đâu, đừng mua. 콩 헙 더우, 등 무어
한개만 주세요.	Chỉ cho tôi một cái thôi ạ. 찌 조 또이 못 까이 토이 아
한개 더 주세요.	Cho tôi thêm một cái này nữa ạ. 조 또이 템 못 까이 나이 느어 아
모두 얼마예요?	Tất cả bao nhiêu tiền ạ? 떳 까 바오 니에우 띠엔 아
얼마예요?	Bao nhiêu tiền? 바오 니에우 띠엔
비싸요, 좀 깎아주세요.	Đắt quá! Giảm giá đi. 닷 꽈, 잠 쟈 디
거스름돈 주세요.	Cho tôi tiền lẻ. 조 또이 띠엔 래

색

빨간색	màu đỏ 머우 도	갈색	màu nâu 머우 너우
파란색	màu xanh 머우 싸잉	분홍색	màu hồng 머우 홍
노란색	màu vàng 머우 방	초록색	màu xanh lá cây 머우 싸잉 라 꺼이
검은색	màu đen 머우 댄	보라색	màu tím 머우 띰
하얀색	màu trắng 머우 짱	하늘색	màu xanh da trời 머우 싸잉 자 쩌이

음식점

음식을 주문하다. gọi món ăn
고이 몬 안

전문	chuyên môn 쭈엔 몬	서빙하다.	phục vụ 푹 부
가격	giá 쟈	메뉴판	thực đơn 특 던

부록

인분 / 삼 인분	người ăn / 3 người ăn 응어이 안 / 바 응어이 안

종업원	người phục vụ 응어이 푹 부	젓가락	đũa 두어
영수증	hoá đơn 화 던	숟가락	thìa 티아
먹다.	ăn 안	포크	dĩa 지아
다 먹다.	ăn xong 안 쏭	나이프	con dao 꼰 자오
마시다.	uống 우엉	이쑤시개	tăm 땀
계산하다.	tính tiền 띠잉 띠엔	티슈	giấy ăn 져이 안
배고프다.	đói 도이	재떨이	gạt tàn thuốc 갓 딴 투억
배부르다.	no 노	얼음잔	cốc đá 꼭 다
오프너	cái mở nắp 까이 머 납	얼음	đá 다

맛표현

간이 적당하다.	vừa muối 브어 무오이
신선하다.	tươi 뜨어이
느끼하다. / 느끼해.	mỡ / mỡ quá. 머 / 머 꽈
시다. / 아! 시어.	chua / ôi chua quá. 쭈어 / 오이 쭈어 꽈
짜다. / 아! 짜.	mặn / ôi mặn quá. 만 / 오이 만 꽈
싱겁다. / 싱거워.	nhạt / nhạt quá. 냣 / 냣 꽈
쓰다. / 써.	đắng / đắng quá. 당 / 당 꽈
맵다. / 매워.	cay / cay quá. 까이 / 까이 꽈
뜨겁다. / 앗! 뜨거.	nóng / ôi nóng quá 농 / 오이 농 꽈
맛있다. / 맛있다.	ngon / ngon lắm. 응온 / 응온 람
무미하다.(아무 맛도 안나다.)	vô vị 보 비

달다. / 달아.	ngọt / ngọt quá. 응옷 / 응옷 꽈
향기가 좋다. / 향기가 좋은 걸.	thơm / thơm quá 텀 / 텀 꽈
입맛에 맞다.	hợp khẩu vị 헙 커우 비
달면서 맛있다.	vừa ngon vừa ngọt 브어 응온 브어 응옷

탄내가 나다.	khét 캣	비린내가 나다.	tanh 따잉

양념

양념장	nước chấm 느억 쩜	소금	muối 무오이
식초	giấm 점	라임(과일)	chanh 짜잉
향채	rau thơm 자우 텀	설탕	đường 드엉
간장	xì dầu 씨 저우		

한국인에게 추천하는 반찬

조개국	canh nghêu	까잉 응헤우
토마토국	canh cà chua	까잉 까 쭈어
가지절임	cà muối	까 무오이
감자튀김	khoai tây rán	콰이 떠이 잔
샐러드	sa lad	싸 랏
튀김(쌀국수와 같이 먹음)	quẩy	꾸어이
호박잎마늘볶음	rau bí xào tỏi	자우 비 싸오 또이
자우무엉마늘볶음	rau muống xào tỏi	자우 무엉 싸오 또이

식사와 같이 할 음료수

생맥주	bia tươi, bia hơi	비아 뜨어이, 비아 허이
병맥주	chai / 3 chai bia	짜이 / 바 짜이 비아
캔 맥주	bia lon	비아 론
콜라	cô-ca	꼬 까

아이스녹차(보리차처럼 마심)	trà đá 짜 다
(망고)생과일쥬스	sinh tố (xoài) 씨잉 또 (쏘아이)

종업원부르기

여기요.(여성연장자)	chị ơi 찌 어이
여기요.(남성연장자)	anh ơi 아잉 어이
여기요.(어린종업원)	em ơi 앰 어이
메뉴판을 보여주세요.	Cho tôi xem thực đơn ạ. 조 또이 쌤 특 던 아
식탁을 닦아주세요.	Xin lau bàn này giúp. 씬 라우 반 나이 즙
에어컨 꺼주세요.	Xin tắt máy điều-hòa giúp ạ. 씬 땃 마이 디에우 화 즙 아
에어컨 켜주세요.	Xin bật máy điều-hòa giúp ạ. 씬 벗 마이 디에우 화 즙 아
금강산도 식후경	có thực mới vực được đạo 꼬 특 머이 븍 드억 다오

음식고르기

베트남 요리가 아주 맛있다고 들었어.
Nghe nói các món ăn Việt Nam ngon lắm.
응애 노이 깍 몬 안 비엣 남 응온 람

뭘 제일 좋아하세요? Chị thích ăn gì nhất?
찌 틱 안 지 녓

쌀국수를 제일 좋아 해요. Tôi thích phở hơn cả.
또이 틱 퍼 헌 까

음식을 골라보세요. Chị chọn món ăn nào ạ?
찌 쫀 몬 안 나오 아

골라주세요. Xin chọn cho tôi.
씬 쫀 조 또이

내건 내가 고를 거야. Tôi muốn tự tôi chọn.
또이 무온 뜨 또이 쫀

뭐 드시겠어요? Chị dùng gì ạ?
찌 중 지 아

언니가 저녁 산다고 했잖아요. Chị mời em ăn tối mà.
찌 머이 앰 안 또이 마

오늘은 내가 한 턱 낼게요. Hôm nay tôi chiêu đãi.
홈 나이 또이 찌에우 다이

오늘은 당신 뜻대로 하세요. Hôm nay chị được ưu tiên nhé.
홈 나이 찌 드억 유 띠엔 내

부록

주문하기

주문할께요.
Tôi muốn gọi món ăn.
또이 무온 고이 몬 안

향채 빼 주세요.
Không cho rau thơm. chị ạ.
콩 조 자우 텀, 찌 아

미원 넣지 마세요.
Đừng cho mì chính. chị ạ.
등 조 미 찡, 찌 아

네, 그렇게 해주세요.
Được ạ.
드억 아

저걸로 주세요.
Cho tôi cái kia ạ.
조 또이 까이 끼아 아

다른 음식으로 바꿔도 되요?
Có thể đổi món khác được không ạ?
꼬 테 도이 몬 칵 드억 콩 아

이것저것 다 넣어주세요.
Cho tôi tất cả mọi thứ.
조 또이 떳 까 모이 트

주문했어요.
Tôi gọi món ăn rồi.
또이 고이 몬 안 조이

계산을 지금하나요?
Trả tiền luôn ạ?
짜 띠엔 루언 아

식사하기

드시죠.

Xin mời.
씬 머이

입맛에 맞으실지 모르겠어요.

Tôi không biết có hợp khẩu vị của chị hay không nữa.
또이 콩 비엣 꼬 헙 커우 비 꾸어 찌 하이 콩 느어

맛있겠다.

Có vẻ ngon nhỉ.
꼬 배 응온 니

맛있게 먹어.

Chúc ăn ngon.
쭉 안 응온

맛보세요.

Mời ăn thử ạ.
머이 안 트 아

이걸 뭐라고 불러요?

Cái này gọi là gì?
까이 나이 고이 라 지

이 병에 담긴 것은 무슨 양념이에요?

Lọ này đựng gia vị gì vậy?
로 나이 등 쟈 비 지 버이

이 조리 스타일을 뭐라고 부릅니까?

Nấu kiểu này gọi là gì?
너우 끼에우 나이 고이 라 지

이거 흔한 음식이예요?
Đây có phải là món ăn thông thường không?
데이 꼬 파이 라 몬 안 통 트엉 콩

음식 괜찮죠?
Đồ ăn có ngon không?
도 안 꼬 응온 콩

맛있어?
Có ngon không?
꼬 응온 콩

다이어트 하세요?
Chị có ăn kiêng không?
찌 꼬 안 끼응 콩

어떻게 먹는 거예요?
Cái này ăn như thế nào?
까이 나이 안 느 테 나오

이 음식은 향채와 같이 먹어.
Món này ăn cùng với rau thơm.
몬 나이 안 꿍 버이 자우 텀

뭐 더 마실래요?
Chị muốn uống gì nữa không ạ?
찌 무온 우엉 지 느어 콩 아

뜨거운 물 조금만 더 주세요.
Cho thêm ít nước nóng nữa ạ.
조 템 잇 느억 농 느어 아

물 더 주세요.
Xin cho thêm nước.
씬 조 템 느억

서비스가 엉망이다.
dịch vụ lộn xộn
직 부 론 쏜

주인이 없으니까 서비스가 엉망이네.
Vì không có người quản lý nên dịch vụ rất lộn xộn.
비 콩 꼬 응어이 꽌 리 넨 직 부 젓 론 쏜

너무 배불러.
No quá.
노 꽈

저 취했어요.
Tôi say rồi.
또이 싸이 조이

술 도수가 높아요.
Rượu nặng quá.
즈어우 낭 꽈

술 잘하시네요.
Anh uống khá thật.
아잉 우엉 카 텃

다 먹었어요.
Ăn xong rồi.
안 쏭 조이

다 먹어.
Ăn hết đi.
안 헷 디

계산해 주세요.
Chị ơi! tính tiền.
찌 어이, 띠잉 띠엔

부록

계산하기

내가 저녁 산다고 했잖아.	Chị mời các em ăn tối mà. 찌 머이 깍 앰 안 또이 마
더치페이해도 될까요?	Trả tiền riêng có được không ạ? 짜 띠엔 지응 꼬 드억 콩 아
계산이 잘못됐어요.	Tính tiền sai rồi. 띠잉 띠엔 싸이 조이
돈 여기있어요.	Xin gửi tiền, Đây ạ. 씬 그이 띠엔, 더이 아
영수증 좀 주세요.	Cho tôi xin hoá đơn. 조 또이 씬 화 던
싸 주세요.	Xin gói vào cho tôi. 씬 고이 바오 조 또이
감사합니다. 아줌마.	Cám ơn chị. Xin chị. 깜 언 찌, 씬 찌

추천 베트남 서민음식

군밤	hạt dẻ nướng 핫 제 느엉(겨울)
생과일 주스	sinh tố 씨잉 또
과일빙수	hoa quả dầm 화 꽈 점
찹쌀 주먹밥	xôi 쏘이
베트남식 빈대떡	bánh xèo 바잉 쌔오
고기 완자를 얹은 면	bún chả 분 짜
사탕수수 주스	mía đá 미아 다
닭 바베큐	chân gà (cánh gà) nướng 쩐 갸 느엉
군 옥수수	ngô nướng 응오 느엉(겨울)

부록

과일

사과	quả táo 꽈 따오	메론	quả dưa lê 꽈 즈어 레
배	quả lê 꽈 레	감	quả hồng 꽈 홍
망고	quả xoài 꽈 쏘아이	포도	quả nho 꽈 뇨
망고스틴	quả măng cụt 꽈 망 꿋	토마토	cà chua 까 쭈어
파인애플	quả dứa 꽈 즈어	복숭아(과일)	quả đào 꽈 다오
파파야	quả đu đủ 꽈 두 두	자두	quả mận 꽈 먼
두리안	quả sầu riêng 꽈 써우 지응	바나나	quả chuối 꽈 쭈오이
리찌	quả vải 꽈 바이	오렌지	quả cam 꽈 깜
딸기	dâu tây 저우 떠이	귤	quả quýt 꽈 꿧

야채

당근	củ cà rốt	꾸 까 롯
오이	dưa chuột	즈어 쭈옷
파	hành hoa	하잉 화
양파	hành tây	하잉 떠이
배추	cải thảo	까이 타오
마늘	củ tỏi	꾸 또이
생강	củ gừng	꾸 긍
가지	cà tím	까 띰
숙주	giá	쟈
버섯	nấm	넘
감자	củ khoai tây	꾸 콰이 떠이
고구마	củ khoai lang	꾸 콰이 랑

사무실

파일	tập file	떱 파일
수정액	bút xóa	붓 쏘아
스탬플러	dập ghim	접 김
수첩	sổ	쏘

부록

한국어	베트남어	발음
지우개	tẩy	떠이
테이프	băng dính	방 지잉
계산기	máy tính	마이 띠잉
볼펜	bút bi	붓 비
봉투	phong bì	퐁 비
풀	hồ	호
클립	ghim	김
자	thước kẻ	트억 깨
칼	dao	자오
가위	kéo	깨오
전화기	máy điện thoại	마이 디엔 토와이
팩스	máy FAX	마이 팍스
칼라프린터기	máy in màu	마이 인 머우
프린터기	máy in	마이 인
컴퓨터	máy vi tính	마이 비 띠잉
모니터	cái mô-ni-tơ	까이 모 니 떠
스피커	cái loa	까이 로아
노트북	máy tính xách tay	마이 띠잉 싹 따이
데스크톱	máy tính để bàn	마이 띠잉 데 반
프린터 잉크	mực in	믁 인
USB	USB	우엣베

디지털카메라	máy ảnh kỹ thuật số 마이 아잉 끼 투엇 쏘

컴퓨터활용

파일(전산)	tập tin 떱 띤	프린트지	giấy photocopy 져이 포또까피
마우스	chuột 쭈옷	외장하드	ổ cứng cầm tay 오 끙 껌 따이
공시디	đĩa trắng 디아 짱	바이러스	virus 비룻

바이러스에 감염되다.	bị nhiễm virus 비 니엠 비룻
종이가 기계에 걸리다.	bị tắc giấy 비 딱 져이
마우스 오른쪽 클릭하다.	nhấn phải chuột 년 파이 쭈옷
프로그램을 설치하다.	cài đặt chương trình 까이 닷 쯔엉 찌잉
포맷하다.	định dạng 딩 장

부록

USB를 꼽다.	cắm USB 깜 우엣베
CD를 굽다	ghi đĩa cd 기 디아 씨디
인터넷이 죽었어.(속어)	Mạng chết rồi. 망 쩻 조이
전선을 뽑다.	rút dây điện ra 줏 저이 디엔 자
바이러스 걸린것 같아.	Chắc là đã bị nhiễm virus. 짝 라 다 비 니엠 비룻
왜 이렇게 느린거야.	Sao máy chậm thế này. 싸오 마이 쩜 테 나이

기계 고장 난 것 같아요. 한번 봐주실래요?
Hình như thiết bị này hỏng rồi. chị sẽ xem giúp em chứ?
히잉 느 티엣 비 나이 홍 조이. 찌 쌔 쌤 즙 앰 쯔

복사할 줄 알아요?	Chị biết cách photocopy không? 찌 비엣 까익 포또까피 콩

한 부 복사해 주실 수 있으세요?
Có thể photocopy cho tôi một tờ được không?
꼬 테 포또까피 조 또이 못 떠 드억 콩

사무실	văn phòng 반 퐁

사장	giám đốc 잠 독	월급날	ngày lĩnh lương 응아이 리잉 르엉
대표	đại diện 다이 지엔	월급	lương 르엉
통역	người phiên dịch 응어이 피엔 직	공휴일	ngày lễ 응아이 레
직원	nhân viên 년 비엔	휴일	ngày nghỉ 응아이 응이
공장 노동자	công nhân 꽁 년	베한사전	từ điển Việt-Hàn 뜨 디엔 비엣 한
실무자	cán bộ nghiệp vụ 깐 보 응이엡 부	한베사전	từ điển Hàn-Việt 뜨 디엔 한 비엣
점심시간	giờ ăn trưa 져 안 쯔어	열쇠	chìa khóa 찌아 콰
출근시간	giờ đi làm 져 디 람	자물쇠	cái khóa 까이 콰
퇴근시간	giờ tan tầm 져 딴 떰	명함	danh thiếp 자잉 티엡

월급날이 오다.	đến ngày lĩnh lương 덴 응아이 리잉 르엉
비서를 뽑다.	tuyển chọn thư ký 뚜엔 쫀 트 끼

부록

뽑다. rút ra
줏 자

고용하다. thuê
투에

한국적 방식 phong cách Hàn Quốc
퐁 까익 한 꿕

한국어를 베트남어로 번역하다.
Dịch từ tiếng Hàn ra tiếng Việt.
직 뜨 띠응 한 자 띠응 비엣

해고되다. bị sa thải, bị đuổi việc
비 싸 타이, 비 두오이 비역

월세를 내다. nộp tiền thuê nhà
놉 띠엔 투에 냐

이리와 봐. 할 말이 있어. Em đến đây. Chị bảo cái này.
앰 덴 더이. 찌 바오 까이 나오

영어 할 수 있어요? Chị có biết nói tiếng Anh không?
찌 꼬 비엣 노이 띠응 아잉 콩

한국어를 할 수 있어요? Chị có biết nói tiếng Hàn không?
찌 꼬 비엣 노이 띠응 한 콩

비공식휴일이라서 회사마다 달라.
Ngày nghỉ không chính thức, nên mỗi công ty một khác.
응아이 응이 콩 찌잉 특, 넨 모이 꽁 띠 못 칵

좀 빨리 할 순 없나?	Liệu làm nhanh có được không? 리에우 람 냐잉 꼬 드억 콩
차(음료) 준비됐어요?	Đã pha trà chưa ạ? 다 파 짜 쯔어 아
볼펜 좀 주시겠습니까?	Mang cho tôi cái bút bi? 망 조 또이 까이 붓 비

학교과정

학교	trường học 쯔엉 혹	전문대학	trường cao đẳng 쯔엉 까오 당
유아원	nhà trẻ 냐 째	대학교	trường đại học 쯔엉 다이 혹
유치원	mẫu giáo 머우 쟈오	대학원	viện cao học 비엔 까오 혹
초등학교	trường tiểu học 쯔엉 띠에우 혹	일학년	năm thứ nhất 남 트 녓
중학교	trường trung học 쯔엉 쭝 혹	이학년	năm thứ hai 남 트 하이
고등학교	trường phổ thông 쯔엉 포 통	삼학년	năm thứ ba 남 트 바

부록

사학년	năm thứ tư 남 트 뜨	**교사**	giáo viên 쟈오 비엔
석사	thạc sĩ 탁 씨	**강사**	giảng viên 쟝 비엔
박사	tiến sĩ 띠엔 씨	**교수**	giáo sư 쟈오 쓰
대학원에서 공부중인	đang học cao học 당 혹 까오 혹		

베트남 성조 이름

	thanh ngang 타잉 응앙	ả	dấu hỏi 저우 호이
á	dấu sắc 저우 싹	ã	dấu ngã 저우 응아
à	dấu huyền 저우 휘엔	ạ	dấu nặng 저우 낭

기호이름

,	(dấu) phẩy (저우) 퍼이	;	(dấu) chấm phẩy (저우) 쩜 퍼이
.	(dấu) chấm (저우) 쩜	!	(dấu) chấm than (저우) 쩜 탄
:	(dấu) hai chấm (저우) 하이 쩜	?	(dấu) chấm hỏi (저우) 쩜 호이

베트남이 어때요?

습도가 높아서 힘들어.
Vì độ ẩm cao nên rất mệt.
비 도 엄 까오 넨 젓 멧

한국과 비교할 때, 베트남 월세는 너무 비싸.
So với Hàn Quốc, thuê nhà ở Việt Nam rất đắt.
쏘 버이 한 꿕. 투에 냐 어 비엣 남 젓 닷

베트남어 발음이 어려워요.
Phát âm tiếng Việt khó.
팟 엄 띠응 비엣 코

한국 사람과 베트남사람은 비슷해요.
Người Hàn Quốc và người Việt Nam giống nhau.
응어이 한 꿕 바 응어이 비엣 남 죵 나우

한국에 비하면, 여름이 더 길고 뜨겁고 습도가 높아.
So với Hàn Quốc, mùa hè dài hơn, nắng hơn, và độ ẩm cao hơn.
쏘 버이 한 꿕, 무어 해 자이 헌, 낭 헌, 바 도 엄 까오 헌

날씨가 더워요.
Trời nóng quá.
쩌이 농 꽈

베트남 행정시군

특별시

* 는 10대 도시입니다.

Thành phố Cần Thơ*
타잉 포 껀 터

Thành phố Đà Nẵng*
타잉 포 다 낭

Thành phố Hà Nội*
타잉 포 하 노이

Thành phố Hải Phòng*
타잉 포 하이 퐁

Thành phố Hồ Chí Minh*
타잉 포 호 찌 미잉

59개주 / 대표도시

Tỉnh An Giang (Long Xuyên)
띠잉 안 쟝 (롱 쑤엔)

Tỉnh Bà Rịa-Vũng Tàu (Vũng Tàu)
띠잉 바 자 붕 따우 (붕 따우)

Tỉnh Bắc Giang (Bắc Giang)
띠잉 박 장 (박 장)

Tỉnh Bắc Kạn (Bắc Kạn)
띠잉 박 깐 (박 깐)

Tỉnh Bạc Liêu (Bạc Liêu)
띠잉 박 리에우 (박 리에우)

Tỉnh Bắc Ninh (Bắc Ninh)
띠잉 박 니잉 (박 니잉)

Tỉnh Bến Tre (Bến Tre)
띠잉 벤 쩨 (벤 쩨)

Tỉnh Bình Định (Quy Nhơn)*
띠잉 비잉 딕 (퀴 년)

Tỉnh Bình Dương (Thủ Dầu Một)
띠잉 비잉 즈엉 (투 저우 못)

Tỉnh Bình Phước (Đồng Xoài)
띠잉 비잉 프억 (동 쏘아이)

Tỉnh Bình Thuận (Phan Thiết)
띠잉 비잉 투언 (판 티엣)

Tỉnh Cà Mau (Cà Mau)
띠잉 까 마우 (까 마우)

Tỉnh Cao Bằng (Cao Bằng)
띠잉 까오 방 (까오 방)

부록

Tỉnh Đăk Lăk (Buôn Mê Thuột)
띠잉 닥 락 (부온 메 투옷)

Tỉnh Đăk Nông (Gia Nghĩa)
띠잉 닥 농 (자 응이아)

Tỉnh Điện Biên (Điện Biên Phủ)
띠잉 디엔 비엔 (디엔 비엔 푸)

Tỉnh Đồng Nai (Biên Hoà)*
띠잉 동 나이 (비엔 화)

Tỉnh Đồng Tháp (Cao Lãnh)
띠잉 동 탑 (까오 라잉)

Tỉnh Gia Lai (Pleiku)
띠잉 쟈 라이 (플래이꾸)

Tỉnh Hà Giang (Hà Giang)
띠잉 하 장 (하 장)

Tỉnh Hà Nam (Phủ Lý)
띠잉 하 남 (푸 리)

Tỉnh Hà Tây (Hà Đông)
띠잉 하 떠이 (하 동)

Tỉnh Hà Tĩnh (Hà Tĩnh)
띠잉 하 띠잉 (하 띠잉)

Tỉnh Hải Dương (Hải Dương)
띠잉 하이 즈엉 (하이 즈엉)

Tỉnh Hậu Giang (Vị Thanh)
띠잉 허우 장 (비 타잉)

Tỉnh Hoà Bình (Hoà Bình)
띠잉 화 비잉 (화 비잉)

Tỉnh Hưng Yên (Hưng Yên)
띠잉 흥 엔 (흥 엔)

Tỉnh Khánh Hòa (Nha Trang)*
띠잉 카잉 화 (냐 짱)

Tỉnh Kiên Giang (Rạch Giá)*
띠잉 끼엔 장 (자익 자)

Tỉnh Kon Tum (Kon Tum)
띠잉 꼰 뚬 (꼰 뚬)

Tỉnh Lai Châu (Lai Châu)
띠잉 나이 쩌우 (라이 쩌우)

Tỉnh Lâm Đồng (Đà Lạt)
띠잉 럼 동 (다 랏)

Tỉnh Lạng Sơn (Lạng Sơn)
띠잉 랑 썬 (랑 썬)

Tỉnh Lào Cai (Lào Cai)
띠잉 라오 까이 (라오 까이)

Tỉnh Long An (Tân An)
띠잉 롱 안 (떤 안)

Tỉnh Nam Định (Nam Định)
띠잉 남 딩 (남 딕)

Tỉnh Nghệ An (Vinh)
띠잉 응에 안 (비잉)

Tỉnh Ninh Bình (Ninh Bình)
띠잉 니잉 비잉 (니잉 비잉)

Tỉnh Ninh Thuận (Phan Rang-Tháp Chàm)
띠잉 니잉 투언 (판 장 탑 짬)

Tỉnh Phú Thọ (Việt Trì)
띠잉 푸 토 (비엣 찌)

Tỉnh Phú Yên (Tuy Hòa)
띠잉 푸 엔 (뛰 화)

Tỉnh Quảng Bình (Đồng Hới)
띠잉 꽝 비잉 (동 허이)

Tỉnh Quảng Nam (Tam Kỳ)
띠잉 꽝 남 (땀 끼)

Tỉnh Quảng Ngãi (Quảng Ngãi)
띠잉 꽝 아이 (꽝 아이)

Tỉnh Quảng Ninh (Hạ Long)
띠잉 꽝 니잉 (하 롱)

Tỉnh Quảng Trị (Đông Hà)
띠잉 꽝 찌 (동 하)

Tỉnh Sóc Trăng (Sóc Trăng)

띠잉 쏙 짱 (쏙 짱)

Tỉnh Sơn La (Sơn La)

띠잉 썬 라 (썬 라)

Tỉnh Tây Ninh (Tây Ninh)

띠잉 떠이 니잉 (떠이 니잉)

Tỉnh Thái Bình (Thái Bình)

띠잉 타이 비잉 (타이 비잉)

Tỉnh Thái Nguyên (Thái Nguyên)

띠잉 타이 응우옌 (타이 응우옌)

Tỉnh Thanh Hóa (Thanh Hóa)

띠잉 타잉 화 (타잉 화)

Tỉnh Thừa Thiên-Huế (Huế)*

띠잉 트어 티엔 후에 (후에)

Tỉnh Tiền Giang (Mỹ Tho)

띠잉 띠엔 장 (미 토)

Tỉnh Trà Vinh (Trà Vinh)

띠잉 짜 비잉 (짜 비잉)

Tỉnh Tuyên Quang (Tuyên Quang)

띠잉 뚜엔 꽝 (뚜엔 꽝)

Tỉnh Vĩnh Long (Vĩnh Long)

띠잉 비잉 롱 (비잉 롱)

Tỉnh Vĩnh Phúc (Vĩnh Yên)
띠잉 비잉 푹 (비잉 엔)

Tỉnh Yên Bái (Yên Bái)
띠잉 엔 바이 (엔 바이)

북부와 남부의 주요단어비교

하노이 / 호치민

thuyền / ghe **보트, 작은 배**
투엔 / 개

bát / chén **사발, (술) 잔**
밧 / 짼

cốc / ly **유리잔, (물) 컵**
꼭 / 리

cái ô / cây dù **우산**
까이 오 / 꺼이 주

sân bay / phi trường **공항**
썬 바이 / 피 쯔엉

ô tô / xe hơi **자동차**
오 또 / 쌔 허이

bao diêm / hộp quẹt **성냥갑**
바오 지엠 / 홉 꾸앳

máy điều hòa / máy lạnh **에어컨**
마이 디에우 화 / 마이 라잇

cơ quan / công sở, sở **사무소**
꺼 꽌 / 꽁 써, 써

hoa quả / trái cây **과일(총칭)**
화 꽈 / 짜이 꺼이

không có gì / không có chi 콩 꼬 지 / 콩 꼬 찌	괜찮아요.

cân / ký 껀 / 끼	킬로그램(kg)	trứng gà / hột gà 쯩 가 / 홋 가	계란
chè / trà 째 / 짜	차(음료)	màn / mùng 만 / 뭉	모기장
nghìn / ngàn 응인 / 응안	천(숫자)	chăn / mền 짠 / 멘	담요
bố / ba 보 / 바	아버지	ngô / bắp 응오 / 밥	옥수수
mẹ / má 매 / 마	어머니	lạc / đậu phụng 락 / 더우 풍	땅콩
quả / trái 꽈 / 짜이	과일	đường / lộ 드엉 / 로	길, 도로
tay phải / tay mặt 따이 파이 / 따이 맛	오른손	xe buýt / xe đò 쌔 뷧 / 쌔 도	버스
nem / chả giò 냄 / 짜 져	스프링롤	hiệu / tiệm 히에우 / 띠엠	가게
giò / chả 죠 / 짜	고기만두	xà phòng / xà bông 싸 퐁 / 싸 봉	비누
gì / chi 지 / 찌	무엇(what)	kem / cà rem 깸 / 까 잼	아이스크림

부록

thư / thơ 트 / 터	편지
lợn / heo 런/ 해오	돼지
tầng / lầu 떵 / 러우	층
tầng 1 / lầu trệt 떵 못 / 러우 쩻	1층
tầng 2 / lầu 1 떵 하이 / 러우 못	2층
tầng 3 / lầu 2 떵 바 / 러우 2	3층
dầu / nhớt 저우 / 녓	오일
vườn thú / sở thú 브언 투 / 써 투	동물원
gầy / ốm 거이 / 옴	얇은, 마른
ốm / bệnh 옴 / 버익	아픈
keo kiệt / kẹo 깨오 끼엣 / 깨오	인색한
nhanh / lẹ 냐잉 / 래	빨리
đắt / mắc 닷 / 막	값비싼
nhé / nghe 내 / 응애	~가 맞지
xe máy / xe gắn máy 쌔 마이 / 쌔 간 마이	오토바이
hiệu ăn / tiệm ăn 히에우 안 / 띠엠 안	음식점, 레스토랑
hiệu ảnh / tiệm chụp hình 히에우 아잉 / 띠엠 쭙 히잉	사진관
thịt lợn / thịt heo 팃 런 / 팃 해오	돼지고지

béo / mập 뚱뚱한 배오 / 멉	tiêm / chích 주사맞다. 띠엠 / 찍
vâng / dạ 예, 맞아요. 벙 / 자	rẽ / quẹo 돌다 재 / 꾸애오
rỗi / rảnh 한가한 시간 조이 / 자잉	yêu / thương 사랑 이에우 / 트엉
buồn / nhột 슬픈, 미묘한 부온 / 놋	là / ủi 철 라 / 우이
vào / vô 들어와요 바오 / 보	rán / chiên 튀기다, 볶다 잔 / 찌엔

quả dứa / trái thơm 파인애플
꽈 즈어 / 짜이 텀

đô la Mỹ / Mỹ kim 미국돈 화폐(USD)
돌 라 미 / 미 낌

ban công / bao lơn 발코니
반 꽁 / 바오 런

nhanh lên / lẹ lên 서둘르다.
냐잉 렌 / 래 렌

đắt quá / mắc quá 너무 값비싼
닷 꽈 / 막 꽈

một ít / chút xíu 약간, 조금
못 잇 / 쭛 씨우

부록

đánh vỡ / đập bể 다잉 버 / 덥 베	깨뜨리다
cắt tóc / hớt tóc 깟 똑 / 헛 똑	머리를 깎다.
gọi / kêu 고이 / 께우	부르다.
phanh / thắng 파잉 / 탕	브레이크(자동차)
xấu hổ / mắc cỡ 써우 호 / 막 꺼	수줍어하는
nói dối / nói sạo 노이 조이 / 노이 싸오	거짓말하다.
nói khoác / nói dóc 노이 콱 / 노이 족	자랑하다.
nói đùa / nói giỡn 노이 두어 / 노이 지언	농담하다.
tắc đường / kẹt xe 딱 드엉 / 깻 쌔	교통체증
rẽ tay phải / quẹo tay mặt 재 따이 파이 / 꾸애오 따이 맛	오른쪽으로 돌다.
chụp ảnh / chụp hình 쭙 아잉 / 쭙 히잉	사진을 찍다.

반의어

buồn / vui 슬픈 / 기쁜 부온 / 부이	rộng / hẹp 넓은 / 좁은 종 / 햅
tốt / tồi 좋은 / 나쁜 뜻 / 또이	mới / cũ 새로운 / 늙은 머이 / 꾸
béo / gầy 뚱뚱한 / 마른 배오 / 거이	dễ / khó 쉬운 / 어려운 제 / 코
khỏe / yếu 건강한 / 약한 쾌 / 이에우	dày / mỏng 두꺼운 / 얇은 자이 / 몽
cao / thấp 높은 / 낮은 까오 / 텁	nhanh / chậm 빠른 / 늦은 냐잉 / 쩜
trắng / đen 흰 / 검은 짱 / 댄	sáng / tối 밝은 / 어두운 쌍 / 또이
trẻ / già 젊은 / 늙은 째 / 쟈	sớm / muộn 이른 / 늦은 썸 / 무온
đắt / rẻ 값비싼 / 값싼 닷 / 재	phải / trái 오른쪽 / 왼쪽 파이 / 짜이
dài / ngắn 긴 / 짧은 자이 / 응안	đúng / sai 올바른 / 나쁜 둥 / 싸이

đẹp / xấu 아름다운 / 못생긴
댑 / 써우

부록

chăm / lười 짬 / 르어이	부지런한 / 게으른
giàu / nghèo 자우 / 응애오	부유한 / 가난한
thông minh / ngu dốt 통 미잉 / 응우 좃	영리한 / 멍청한
hạnh phúc / bất hạnh 하잉 푹 / 벗 하잉	행복한 / 불행한
nặng / nhẹ 낭 / 내	무거운 / 가벼운
nóng / lạnh 농 / 라잇	뜨거운 / 시원한
sạch / bẩn 싸익 / 번	깨끗한 / 지저분한

베트남 사이트

KBS WORLD 한국의 뉴스를 베트남어로 전하는 홈페이지
http://world.kbs.co.kr

24h(하이뜨져) 베트남 연예온라인 잡지
http://www.24h.com.vn

VTV (베떼베) 방송국
http://www.vtv.vn

yahoo 베트남
http://vn.yahoo.com/

베트남 가요음악
http://www.nhacso.net

베트남 온라인 뉴스
http://www.nhandan.com.vn/
http://www.vietnamnet.vn/

한국인이 운영하는 베트남뉴스
http://www.vnnews.co.kr/